無朋友，似乎也很好？

伍詠光 著

親愛的 ________________ :

我與你分享這本書，因為 ______________________________

____

無朋友，似乎也很好？
作者／伍詠光
策劃編輯／伍詠慈
美術設計・插圖／邵清
出版發行／突破出版社
香港沙田亞公角山路33號突破青年村
電話：2632 0000　傳真：2632 0388
電郵：breakthrough@breakthrough.org.hk
網址：http://www.breakthrough.org.hk
http://www.btproduct.com
承印／陽光（彩美）印刷有限公司
2024年5月初版1刷

If You Don't Have Friend, Go And Find One
by Ng Wing-kwong, Ringo
First Printing, First Edition, May 2024

Printed in Hong Kong
ISBN 978-988-8846-04-7

本書經文取自《新標點和合本》，版權為香港聖經公會所有，承蒙允准採用，特此鳴謝。
誠邀閣下就突破出版社的書籍發表意見
歡迎加入突破出版社 facebook page — http://www.facebook.com/btbooks.page
本書採用環保油墨印刷

生 活 與 輔 導

關懷、連繫、復和、

溝通、對話……

凝視心之脈動，

直到重新尋獲自己的心。

目錄

如果可以重來

理想朋友

楔子

友情傘

暴風雨裏
一位朋友撐傘來接我
一手扶我的踉蹌
一手把堅定的傘柄
舉成了一面大盾牌
抵擋猖狂的雨箭
後來才發現
逆風那一面他的衣衫
幾乎濕透於驟雨
喔，所謂知己
不就是一把傘麼？
——晴天收起
雨天才為你
豁然開放

余光中（1928-2017）

導言：人生有個真正朋友的確好極

人類有三大親密關係：親情、愛情，還有一種就是友情。

余光中的〈友情傘〉説明了一個字：撐。朋友很重要，就是一直甘願撐你的人。可見，友情是一種很重要的關係。朋友沒血緣關係，但會叫手足。朋友不一定常見，生活也未必很接近，但會叫閨蜜。

疏離時代的「失友症」

無朋友，似乎也很好？無可否認，今日我們踏進了一個疏離時代。朋友買少見少，很多人患上「失友症」。

從 2019 年至今，這幾年，我們的確經歷過很多衝擊：

社會運動事件：很多本來是中同或好友，因為一場風波，透視出不同的政治信念和價值觀，因而覺得「道不同不相為謀」，之後各走各路，永不回頭。

新冠肺炎疫情：只能在口罩下和視像會議相見，因着疾病傳染的陰影，人與人之間的隔膜和猜疑加劇彼此的心理距離。年青人更在成長中的關鍵時刻，失去了學習交友的實戰經驗。

移民潮：即使想保持聯絡，但各自生活不同，時差、身處不同地域等等，難以再分享；遇上的困難不同也不易分擔，有困難也不能第一時間碰面交流，雖不算永別，但人走茶涼，關係會淡會冷卻。友誼的延續，何去何從？

我們經歷種種，不但失友，更彷彿忘卻了如何交友，甚至問自己：「我真的需要朋友嗎？哪裏找？」

這就是我想寫這本書的原因。

三個疑問

寫作時，我反覆自問幾個問題。你會如何回答？

- 如果這個世界沒有朋友，我們會變成怎樣？
- 朋友與我生命有何關係？
- 「友誼」對人有什麼作用？

原來，每個人都需要朋友，關係是生存的要素。

友誼是跟一個與自己有點相同又有點不同的人相處；或者說，人一生就是學習和練習跟一些同中有異的人相處，從而伸延至其他關係。

友誼可以讓我們更了解自己，發現自己、改善自己，幫助成長。

有了以上定位，我們明白討論友誼的題目，離不開三件事：

1. 友誼很重要；
2. 學習跟與你不同的人相處；
3. 學習了解自己，增強安全感。

一個人在友誼當中，就是學會面對陌生的同伴，及面對陌生的自己。這本書就是圍繞着以上主題而發展。

友誼是怎樣生成的

友誼在所有親密關係中，是最低承諾（commitment）程度的。關係中人來人往，走馬看花。有說這是緣分，凡事隨緣。我覺得你遇上一個人可能出於「緣」，但你仍要堅定你的「分」，說的是經營關係的「本分」。

那麼，我們先要了解友誼的建構過程。以下圖表就是描述這個建構過程。

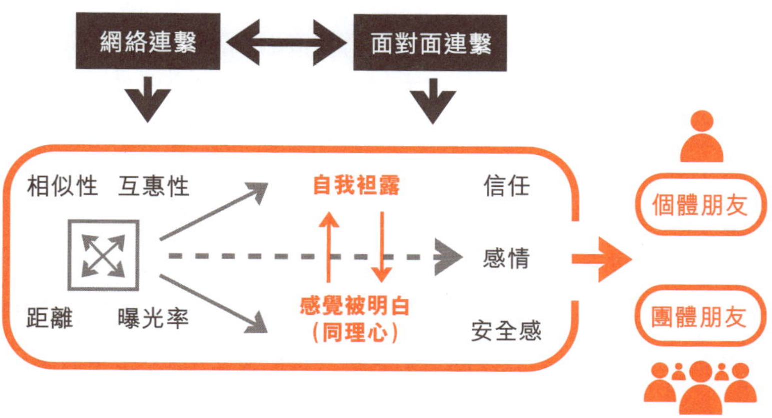

朋友可以分為個別朋友（individual friend）及朋友圈（或稱團體朋友，group friend）。一個朋友可同時並存在兩個位置，也可以單獨存在。而友誼的連繫，更可以線上線下，彼此輔助。有關不同種類的友誼，我們會在第 3 章討論。

由左至右。最左邊是適合和促成人成為朋友的主要條件，包括相似性、互惠互利性、距離和見面機會（曝光率）等。每個因素各有影響力，而且可以相互影響。這些條件我們會在第 1、2 章集中討論朋友的重要性時一併了解。

上文提過失友，不想失友，就要維持關係發展下去，這需要兩方面的努力：自我袒露（self disclosure）及感覺被明白（being understood）。這兩個條件有助朋友間的溝通與互動，而且相輔相成。當中我們學習聆聽和運用同理心，同時也學習分享自己，這會在第 4、5、6 和 7 章討論，同時會介紹友誼的發展階段：「雛形期」、「發展期」、「分離期」和「檢討期」，深入討論寂寞、友誼如何開始，如何分辨好友壞友。

進程中，漸漸地會建立起友誼中的三大重要元素，就是信任、感情和安全感。三者都是相輔相成的。特別是安全感，這份安全感包括對別人和對自己。在安全感之中，人會不斷在判斷對方是好人、壞人，對我好還是對我差。我們會在第8和9章討論。

我們可以去選擇朋友，可以盡力去維繫一段友誼，但又要接受我們不能完全掌控。過程中，要學習「放手」。而這種放手或釋懷，其實都可以成為生命成長的要素。

完美的友誼是怎樣？這可能要回到哲學和信仰上，究竟上帝為何會與我們做朋友？祂如何示範出一種完美的友誼？以上種種，我們會在第 10 和 11 章探討。

這本書就是跟你分享如何經營友誼。這書不算是「純技術性」的書，當中雖介紹一些「技巧」，但重點反而是對人際關係的「理解」。沒有充足的理解，技巧是用不着的。所以，我希望這本書不單是個人閱讀，也可以成為小組討論材料，甚至家長親子的指引。

真朋友

一面寫書，一面想起我生命中的朋友。以下是我想過的問題，你會如何回答？

- 當你要辦一個盛大的生日派對，你想邀請哪些人呢？
- 在你的婚禮上，你會選擇誰做你的伴郎或伴娘，及兄弟姊妹呢？
- 在你的喪禮中，你會想誰去為你扶靈呢？

相信當你想起某些人，他們就是你的真朋友了。人生有個真正朋友的確好極。

在這裏我想感謝在生命中出現過的每位朋友，而我也視讀者為我遠方的朋友。祝福你閱讀這本書的過程，能夠感動、滿足。

Ringo

29-11-2023

人生有幾個朋友？

1

你需要一個　朋友

“無朋友，唔好咩？”

無朋友，唔可以咩？

友誼在一切親密關係中，在「制度化」（institutional）和「承諾」程度上屬於最低，而「自願」（voluntary）程度最高。友誼，要甘心情願。

從演化心理學（evolutionary psychology）角度來說，朋友始於原始時代，因應人類需要互相依賴和合作才能生存，便要互相幫助和分享。關係純粹是功能性。

朋友不簡單

其實友誼並不膚淺，而且超越功能性：

- 行動：與朋友一起做事和攀談；
- 認知：有共同的看法、興趣或價值觀；
- 情感：在一起時歡樂，給予情感上的支援和分享；
- 身分：身分或階級上的相似；
- 經歷：遭遇和經歷上的相似

那麼，朋友是——

朋友是一份支持

在患難時、情感上、資訊交流上，甚至物質上，朋友都可以補充你的需要和缺乏。有時當你未知自己需要什麼，朋友已經為你預備好。

朋友是一種陪伴

就像「時間的殺手」(time killer)。朋友可以隨傳隨到，深夜陪你去吃宵夜，當你失眠時肯跟你傳訊息；當你沒男友女友陪伴時，朋友可以填補你的空虛和寂寞，做你的「臨記情人」，讓你少一點沒愛情的尷尬，少一點生命空洞；不一定要計算見面多少次，見多久，即使少見，每次見面都有講不盡的話題，好像「吹水放題」。

朋友可以分享生命

因着朋友之間有着無盡的共同性：尤其是興趣和回憶，朋友認識你，你也認識他是怎樣的人、喜歡什麼、討厭什麼。分享開心的事時，開心加倍；分擔悲傷的事時，悲傷減半。

英國有一個調查研究發現，年收入增加港幣一萬多元，可以提升 0.0007 點的幸福感，而與好友相聚卻可以增加 0.161 點的幸福感，相差 230 倍！換句話說，靠着與好友相聚就可以達到收入增加 270 多萬同樣效果的幸福感。

朋友是一份信任

讓朋友知道你總會為他好，不會傷害他。朋友可讓你放任和盡情地真正「做自己」。對住朋友，你可以講「真心話」，因為你們已經過渡了「怕對方如何看自己」的階段。你也知道，對方聽了你，會給你一種真誠的另類角度去解難，或者重新提醒「真正的你」是怎樣，讓你不用害怕去追尋心中的夢想。

做朋友要「誠」

朋友間真的無需承諾嗎？其實我們也要看重朋友，將他們放到一個重要地位，而且不能輕易放棄和絕交，更要包容與寬恕。

信守一份承諾，才是實踐朋友之道。University of Oxford 心理學家 Michael Argyle 於 1984 與同事研究友誼，並製訂了「朋友十誡」：

1. 不要嘮叨你的朋友
2. 對這份友誼有自信
3. 給予朋友情感支持
4. 願意適時伸出援手
5. 信任你的朋友
6. 向朋友分享你的喜悅
7. 不要妒忌朋友的其他關係
8. 在朋友面前撐他
9. 懂得互助及禮尚往來
10. 一起時，堅持令朋友感到歡樂

所謂十誡，不是一種僵化的校規，而是對友誼的一份堅持，友誼並非低承諾，反而要犧牲和付出。相信，這付出是值得的。

你，需要一個朋友！如果你還未肯定自己有這樣一個值得的朋友，提起勇氣去結交吧！

思考

- 你有否常令你感快樂的朋友？又有否令你常感到不快樂的朋友？
- 你生命中出現過重要的朋友嗎？他們是誰？重要性是什麼？
- 這十誡對你有幫助嗎？你有為你的朋友守過這十誡嗎？

資料來源：

Michael Argyle, & Monika Henderson.（1984）. The rules of friendship, Retrieved from: https://journals.sagepub.com/doi/abs/10.1177/0265407584012005

朋友是你的平均值

現在你會發現朋友對你的意義，原來不膚淺，不簡單。

再想多一層朋友的意義。朋友是你的一面鏡子，照出你的美麗，也照出你的醜陋。身為你的朋友，他可以讚賞你，更重要是，會直接指出你的不是，甚至「數臭」你，但你絕對不會感到被冒犯。因為你知道朋友是真正為你好。

朋友是你的一部分

進一步說，朋友不只是一面鏡子，簡直是你的一部分。

美國知名商業哲學家 Jim Rohn 提出一個很有趣的理論叫「五人平均值」(average of five)。他說，你的特質，如思考、自尊、決定、興趣，甚至財富和聲望，都是與你親密交往的五位朋友的特質平均值。

(朋友 A ＋朋友 B ＋朋友 C ＋朋友 D ＋朋友 E) ÷ 5 ＝你

你可能覺得很奇怪，為何人際關係變得如此「數學化」？其實他想說明一點：我們很多特質都受到朋友影響。

古語有云：「近朱者赤」、「耳濡目染」。我們跟親近的朋友相處得多，自然會跟隨他們的行徑，又或者想學效他們。

University of Michigan 的社會心理學家 Robert Zajonc 做了一個研究。他研究了很多夫婦的結婚照和結婚後 25 年的照片，交給客觀的參加者去比較。參加者發現每對夫婦會愈來愈相似。原因是表情與肢體方式改變，進而改變臉容。因為模仿會影響觀點和思想角度，然後讓夫婦能更親近，更易感覺對方的感受。原來「近朱者赤」真有其事。

這提醒我們，懂得選擇朋友，帶眼識人的確很重要。

朋友擴闊你原有的部分

Average of five 理論給我們另一個反向啟示：既然朋友會讓彼此拉近和改變，我們更需要交不同類型的朋友。

他們是跟我們各方面不太相似的人，或想法不太像的人，我們既要聽順耳的說話，也要聽不合意的話。很多時候忠言雖然逆耳，但忠言卻對我們很有用。

你相信因為他們是朋友，那些對你的批評，只不過是「袋錢落你袋」。朋友絕對是你的一面鏡子，提醒你要作出該改變的行動。如果要成長，就要廣納更多「民意」。

朋友是你的生命參考

我記得自己在 30 歲時，到了一個很特別的人生關口，要作出重要的決定，就是辭去商界的工作，跑去讀神學和心理輔導。那時我想，最了解我的人除了自己，便是身邊的好友。我特意去訪問了約十位要好的朋友，他們分別在我不同年紀和場景認識的，如中學、大學、教會及同事等，問問他們「我是怎樣的一個人」、「適合做輔導工作」嗎？

因為我當時知道，他們都是構成我的人，將會繼續構成我。

如我所料，所有朋友都支持這個決定，這不但肯定了我的想法，同時也是一種對我的加持，並加強我轉變的信心。有些朋友更說，如有什麼需要，儘管找他。這些撐我的朋友，哪裏找？

我中有你，你中有我

友誼的奧妙之處，就是我中有你，你中有我。我這個人的構成，原來當中包含我好朋友的部分。他們的分享、提醒、陪伴、回饋和協助，都在構成我。

反過來，在我的好友生命之內，也會有着我的元素和參與。

換句話説，友誼是一種共創（co-creation）。朋友與你共同創造（co-create）你這個人（your being），同時共創這份友誼關係。

你要感謝在生命中出現過，時間或長或短的好朋友，甚至打擊過你而令你成長的朋友。

思考

- 朋友曾否直接或間接影響過你？包括心情、事情或人生重大的決定和改變呢？
- 你曾否幫助或影響過一位朋友的心情、事情或人生重大的決定和改變呢？
- 有沒有朋友傷害過你，反而日後讓你成長？

資料來源：

R. B. Zajonc, Pamela K. Adelmann, Sheila T. Murphy, & Paula M. Niedenthal.（1987）. Convergence in the physical appearance of spouses. Retrieved from: https://annenberg.usc.edu/sites/default/files/2015/04/29/Convergence%20in%20the%20Physical%20Appearnce%20of%20Spouses.pdf

朋友與大腦的運作

以上談了很多交朋友的心理行為，其實友誼也有着生理上的解釋。因為人的心理和身體是互動的，故此交友跟身體和生理健康必定息息相關。

Michigan State University 曾進行研究，從 100 個國家中不同年齡層挑出 271,053 人，發現友誼會令人更健康和快樂。針對性地，他們研究了 7,481 個長者，發現擁有朋友的長者會比缺乏朋友的更健康。

又有一個驚人的發現：Brigham Young University 心理及大腦神經學家 Julianne Holt-Lunstad 也進行過多項研究，分析所有死亡原因，發現缺乏社交比擁有的人，死亡率高出 50%，同時高過一個每日進食 20 枝香煙的人。

至於年青人，無可置疑，朋友對年青人來説，在生活上的位置更是舉足輕重，可能比對成年人還重要。這方面有科學根據嗎？

大腦神經科學（neuoscience）發展愈來愈成熟。科學家開始利用腦部掃描（Magnetic Resonance Imaging, MRI）去窺看人的大腦，了解朋友對年青人的生理影響。他們發現年青人的腦部對朋友反應特別強烈，友誼根本是他們的生存養分。

有朋友，大腦更快樂

科學家安排一羣大學生跟朋友和另一些不相熟的年青人交流，過程中研究員利用 MRI 去掃描他們的大腦。結果發現，當他們跟朋友交往時，掌管大腦獎賞活動的部分，叫腹側紋狀體（ventral striatum），反應會特別強烈。腹側紋狀體是一個什麼地方？它是掌控人感覺快樂的地方。這個部分很重要。過去科學家會從這地方去研究治療抑鬱和成癮問題。

原來，我們之所以喜歡跟朋友交往，可能跟大腦追尋快樂的反應有關。朋友，是我們生存的興奮劑和推動力。

以上說明交朋結友是人類的天性，而且朋友對你有益身心。人類的確不可能是「孤島」。

待人接物，愈學愈精

大腦有個部分叫後頂葉皮質區（posterior parietal cortex），主要掌控做決定，及選擇如何回應和應對面前的人和事。科學家利用 MRI 去掃描年青人大腦的後頂葉皮質區，發現當年青人與朋友交往，或者想起有關朋友的事時，大腦這部分會比起平時更活躍。

這說明，年青人對朋友更願意花多一點時間和精神去考量。交朋結友的一個重要條件就是：願意為他人設想。原來腦部這個區域，是幫助我們學習去了解他人的感受，學習接收和分享

（give and take），這就是待人接物之道。同時，這個地方有着學習的能力，當你愈去關心朋友，就愈會關心朋友。

遭人拒絕的反應

University of California 的社會心理學家 Naomi Eisenberger 曾作過一個叫「網絡投球」（cyberball）的實驗，目的是想了解人被朋友冷落的大腦反應。

研究員首先研究一班成年人，讓他們進行 MRI 掃描，觀看模擬自己正和另外兩個人一起玩線上遊戲。其實所謂網上的玩家都是由電腦程式操控，並非真實玩家。參加者會與其他玩家在熒光幕上互相投球。一開始，他們彼此有來有往，後來，這兩位虛擬玩家不再投球給參加者，明顯是排斥他。這時候，大腦掃描就發現參加者大腦的導水管周圍灰質（periaqueductal gray）、前扣帶迴（anterior cingulate cortex）、杏仁核（amygdala）和腦島皮質（insular cortex）活躍起來。這些區域都是痛感、憤怒和噁心的中樞。

再過一段時間，管理思維的腹外側前額葉（ventrolateral prefrontal cortex）又開始活躍了，腹外側前額葉活躍程度愈高，前扣帶迴、杏仁核和腦島皮質就愈平靜，這代表什麼？參加者的理性跑出來向情緒救援，好像對自己説：「為什麼我如此沮喪呢？這不過是個遊戲而已！」因此他們的感受沒之前那麼沮喪。

之後，研究員換了一批青少年參加者。結果又如何？

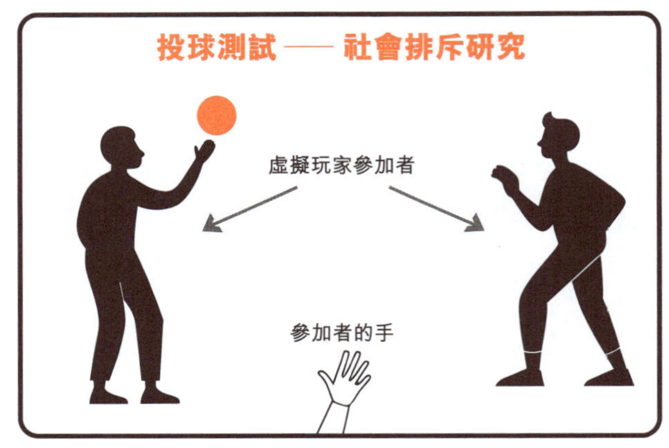

他們被排斥時，管理思維的腹外側前額葉基本上沒有被激活，沒有反應，而其他腦區的變化反而比成年人強烈，參加者表達個人感受時都比成年人差。可見，他們的理性思維的確未夠力量去抵抗被拒絕的感受。

青少年對友誼非常着緊，可能是「身不由己」，受着生理反應的驅使，同時解釋為何青少年不但特別重視關係，在人際交往上受創時，會對「拒絕」非常敏感，易受打擊。

以上實驗給我們在人際關係上一個啟示，即使遭受拒絕，也可以提醒自己要多一點包容，不要放棄，學習交友之道，人會愈學愈好。

思考

- 你會如何形容自己青少年期的交友狀況？試從下面的形容詞中找出來。

很多朋友 | 很少朋友 | 沒朋友 | 開心 | 不愉快 | 寂寞
滿足 | 時好時壞 | 有朋友，沒真心的 | 有知心友

從以上形容中，回想你的成長有否受友誼狀況影響？

資料來源：

MSU Today.(2017). Are friends better for us than family? Retrieved from: https://msutoday.msu.edu/news/2017/are-friends-better-for-us-than-family

Julianne Holt-Lunstad, Timothy B. Smith J., & Bradley Layton.(2010). Social relationships and mortality risk: A Meta-analytic review. Retrieved from: https://journals.plos.org/plosmedicine/article?id=10.1371/journal.pmed.1000316

Berna Güroğlu.(2022). The power of friendship: The developmental significance of friendships from a neuroscience perspective. Retrieved from: https://srcd.onlinelibrary.wiley.com/doi/full/10.1111/cdep.12450

N. I. Eisenberger, J. M. Jarcho, M. D. Lieberman, & B. D. Naliboff.(2006). An experimental study of shared sensitivity to physical pain and social rejection. Retrieved from: https://www.scn.ucla.edu/pdf/Eisenberger,Jarcho,Lieberman,Naliboff(2006).pdf

不同階段需要不同朋友

上文提到不同年齡的人對友誼有不同反應。的確，友誼在人生不同階段不會是一條直線，完全單一，該階段的成熟度和情感需要，人際交往會有不同表現。以下試綜合一些研究分析的結果：

兒童期（13 歲以下）

- 幼童：一起玩的人；
- 初小：單向的協助；
- 高小：就近的，可以一起學習和玩樂的人。

* 較着重相似性，如表面的特徵：性別、年紀、活動興趣；

* 比較出於自願選朋友，沒有太大的社會約束；

* 好朋友的定義通常是相處或互動時間最多的人。

青少年期（13-17 歲）

- 較着重相似性，比較深層次的：文化、喜好、價值觀、看事物觀點和性格，據此容易衡量大家夾不夾，或者自己會否容易融入或迎合；
- 開始看重親密性、互動性、信任、誠信等元素；

- 視朋友支持比家人支持更重要，特別尋求有關情緒、關係或適應環境上困擾的支援；
- 形象（reputation）很重要，重視自己是否跟朋友圈有相似的形象，方便融入；
- 選擇朋友時，自己會否感覺舒服自在，甚至可以建立和顯出自信；
- 男孩子：較多是共同活動興趣的一羣人，愛分享活動中的樂趣或提升技能；
- 女孩子：傾向建立一至兩三段的親密友誼，愛傾心事。

初成年人（18-29 歲）

- 着重忠誠、信任、溫暖愉快、共同經歷；
- 可以自我表露更多、具互動性（關顧、承諾、幫助、支持）；
- 會隨不同階段令圈子改變，包括：大學、職業、結婚、生兒育女。

中成年人（30-60 歲）

- 初成年時期的朋友會維持，因為有着共同的經歷，會感到更好的同理心和支持；
- 繼續提供情感支持，和一起活動交往；

- 友誼的質素（親密度和支持度）可以稍為抵消彼此的差異；
- 較常找方便聯繫的朋友，如住得近、一起工作、有着共同活動或人際網絡；
- 婚姻和家庭的重要性在友誼之上，朋友數量開始減少；
- 男性較着重活動和彼此討論事情，女性較着重情感支援；

晚年（60 歲以上）

- 年紀愈大，愈知道需要什麼朋友；
- 重視舊朋友，少結交新朋友；
- 甚至想重尋和連結昔日朋友，緬懷過去；
- 家庭和深入友誼關係的重要性相對平起平坐；
- 交往上，較着重距離（proxmity），是否生活得近和方便；
- 哀悼朋友的離世。

以上是個比較簡化的分類。從中可見，我們在交友上的喜好和着重點跟以下方面息息相關：

- 成長的成熟程度；
- 成長的學習、環境適應、情感需要；
- 人生階段面對的轉變和挑戰。

交友的困擾

如果你問我哪個時期在交友上特別複雜，特別困難，我會回答是：青少年期。

我在初中時期，球技不精，成績又不優異，當時很難找上一班男性朋友。雖沒被排擠，但卻似透明人一般。

事實上，青少年在學校那種羣體環境，會比較容易找朋友。但同時，學校也可以是個很「封閉」或「單一」的環境。如果你未能融入或迎合一個羣體，就很難找朋友，甚至會被排擠。例如你是個男生，但沒有運動細胞，那就可憐；是個女生，但明星及音樂喜好跟其他女生不同，那就慘了。一旦遭到排擠，就更難重新融入。

盼望是，人會成長。當你可以忍耐和等待進入下一個階段，長大到一天變為一個成年人，又可以重新起飛，建立新的關係（參考初成年期以後的情況）。我長大了，發現自己其實不太喜歡球類運動，反而喜歡跑步（馬拉松）、游泳和滑雪，之後就找到一羣志同道合的朋友了。

可想而知，交朋結友跟自我形象和自信心實在息息相關。因此，今天就先努力做好你自己：保持自信，培養良好的性格，到了適當階段，就可以遇到朋友了。

思考

- 從上文來看，你覺得一段長久（long lasting）的友誼需要什麼元素？
- 有什麼友誼元素只是階段性或環境性？
- 這兩方面（長久性和階段性）的元素和特質，你有沒有？

朋友在潛意識的運作

剛談過朋友關係的心理、生理層面，及不同成長階段的友誼，我們再次回到心理學。不過，這次要討論更深層次的潛意識，了解朋友對我們的「心理作用」。

朋友是自己選的「家人」

作家Ethan Watters在*Urban Tribes*一書中指出，朋友是「新的家人」(new family)。人在成長中，漸漸擺脫家人的影響，而受朋友的影響。而且這些家人是可以「選擇」的，我們會甘心樂意去與他們結連。

不錯，朋友有時真的是家人的延伸，有些朋友像我們的兄弟或姊妹陪伴自己，有些朋友像我們的父親母親愛護自己。我聽過有些人會直接暱稱朋友為：哥、姐、爸、媽。

不過，有時朋友又可能比家人更好，因為：

- 遠親不如近鄰；
- 父母都未必如朋友一樣了解你；
- 一旦分手，情人會離開你，但朋友仍在身邊；
- 有些事，你只想對朋友説。

以上是比較表面的「家人」概念。事實上，朋友在我們的潛意識中也扮演着「家人」的角色。

友情是一種心理投射

先分享兩個例子：

家諄常常計較好友是否當自己是閨蜜，計較好友對自己比別人是否更好，或者妒忌朋友放太多時間在其他朋友身上，經常投訴和發脾氣，令朋友們摸不着頭腦，最後唯有疏遠她。家諄因此很沮喪。原來，家諄在自己的家中常常被冷落，父母只是疼愛哥哥。她心想：「是我不好！」（I am not good）

永康總是不敢主動接觸朋友，感到朋友各有各忙，不會重視自己。一旦主動找朋友，好像打擾了別人；有時聽到一班朋友相約去玩，一旦主動要加入，想像別人覺得自己阻手阻腳。原來，永康在成長中常常被父母忽略，當他向父母談到心事，父母只是輕輕帶過，有時甚至覺得永康小題大做。他心想：「我不被需要！」（I am not wanted / interested）

以上例子反映了一個人與原生家庭（family of origin）的關係，與他如何交友有着微妙的潛意識運作。

其實「朋友如家人」的概念原來有理論根據。這裏要介紹「客體關係理論」（object relations theory）。

心理投射源自原生家庭

「客體關係理論」解釋了成長中的遭遇如何影響我們看將來的種種人際關係。

首先，什麼是客體？客體（object）指自身（self）相對的個體，即他人。客體關係簡單地說就是人際關係。而生命中的第一個他人就是：母親。

「客體關係理論」認為，母親（或主要照顧者）是影響人類生命腳本內容最早及最關鍵的人物。生命腳本內容的產生源自於早期的生命經驗，特別是與母親的互動。嬰孩生下來，開始學習認識這個世界，是透過生理的本能（如溫暖、飽足、安慰），若主要照顧者無法關注嬰孩的需求，給予適當的回應，孩子就會開始把負面感受漸漸內化（internalization）在潛意識之中，意思是從互動關係中吸收的經驗，形成內在的心理概念，影響或扭曲自我形象及對別人的觀感。

在互動關係中，嬰孩會對兩個人（母親和自己）產生內在「意識」，這些意識都是環繞着別人會如何對待你，和如何看你：

母親（或他人）：你是好的（對我好），還是壞的（對我差）（good or bad）；

自己：我是好的（你會覺得我好），還是壞的（你會覺得我差）（good or bad）。

這種互動會不斷發展下去：

如果母親待我好（例如關心、明白、聆聽），那麼我便覺得她很愛我，看我是好的，我也覺得自己是「好」的。相反，如果母親待我不夠好（例如忽視、不認同、不明白、不感興趣），那麼我便覺得她原來不是太愛我，看我不夠好，我也覺得自己是「不好」的。

內化作用

當然以上情況並非嬰孩真的用理性分析出來的，而是由經驗內化出來，漸漸地進入潛意識之中，很多時候會揮之不去。當孩子長大後，這潛意識就可能在不知不覺間出動，形成自己如何看待自己、看待他人、看待世界，比如對人不信任、覺得自己不值得被愛。這便會直接影響人際關係。

以下是從內化得出的自我形象及人際關係反應：

評價	自我形象	人際關係反應
我好，你好	被重視、被關注、喜歡連繫。	願意建立關係，了解和重視自己和他人的感受。
我好，你不好	理想化自我、敵意、缺乏同理心。	過分驕傲，自我中心，不太顧別人感受，選擇疏離。
我不好，你好	退縮、恐懼、依賴、從眾。	過分依賴，過分遷就，失去自己。
我不好，你不好	自覺脆弱、好壞兩極化、強烈分離焦慮。	渴望又害怕關係，進退失據。

投射認同

再進一步，你的行為會影響他人，令他人作出相應回饋。這些反應會對你產生影響。這是另一個比較複雜的心理過程，叫「投射認同」（projective identification）。關係型態常透過投射認同的心理機制轉化到日後的人際關係之中，令這些心態變得更牢固。

什麼是投射認同？

投射，指將自己設想和感受的部分投射到他人身上，即是主觀地猜想或假設別人認同，指接收他人的回應時，把感覺吸收，化為自我的一部分。這些運作都是在潛意識中進行，在理智上是不易察覺的。

這過程像「回力鏢」，你將自己的感受和設想投射出去，別人接收了又回饋，你再接收回來，內化為自己的一部分。

正向（positive）的投射認同

會將「好（good）的客體」投射到他人，例如預期他人會像媽媽一樣的好，所以感到滿足、安全、可信任的，表現出親近、喜歡的互動型態，他人會報以良好的回應，令這個人確認自己是「好的」。

負向（negative）投射認同

會將緊張、危險、被拒絕等感受形成「壞（bad）的客體」投射到他人，則會預期他人與自己的母親一樣不好，從而採取對他人不友善、防衛、敵意、退縮等反應，使對方感到不舒服或生氣，而以同樣不好的方式回應。之後自己內攝這些「壞東西」回來，想像原來我真的與我的媽媽一樣兇、一樣不好，成為負向的自我驗證。

例子

家諄先向朋友發脾氣，之後朋友對她沒有好反應，因此家諄認定別人根本對她不好，而又同時自覺不夠好，可能先疏遠別人，或相反地，可能作出更激進的行動。

永康不會主動約朋友，朋友可能以為他對朋友沒興趣，也不想打擾找他。因此永康認定朋友對他就是沒興趣，而又認定自己是個沒趣、不受歡迎的人，在人際關係上更沒把握，無法掌握技巧。

客體關係理論的啟示

那麼，在交友上，「客體關係理論」對我們有何啟發？可以先簡單歸納幾點：

1. 朋友關係有時與家人關係相差無幾，都帶着愛與恨，好與壞，忍耐與寬恕、接納與包容。
2. 有時人會不自覺地把父親或母親的形象（好與壞的部分）投射到朋友身上，然後給他人冠以一個「莫須有」的印象，明明別人沒這樣想，你就「肯定」對方有這種想法。這樣可能令朋友對你的反應很費解，一頭霧水。所以，要提自己不要太快「假定」。
3. 有時人會不自覺地把自己對父親或母親的需求，加諸朋友身上，想朋友儘量滿足自己的內心需要，要對方絕對、無條件、完美地去呵護和體諒自己。這樣可能令朋友窒息。

4. 不過，朋友也是一個很好的學習平台，讓我們在友好和穩定的友誼關係中，重新建立健康的客體關係，即「我好，你也好」的關係，以致我們可以將它擴展至更親密的關係，如戀愛和家庭關係之中。

這方面，我們在下文會繼續深入討論。

思考

「客體關係理論」的內容比較深，未完全掌握不要緊，在接下來的章節，我們可以加深理解。先看看下面的圖表。圖表中反映四種人際處境，有時你會在某些圈子感覺自我良好，但有時卻在另一些圈子感到不自然、不自在。

試寫出你面對不同圈子、朋友會有什麼感覺和行動。之後想想為什麼會有這些不同？

評價	自我形象	人際關係反應
1. 我好，你好		
2. 我好，你不好		
3. 我不好，你好		
4. 我不好，你不好		

資料來源：

Ethan Watters（2004）: *Urban Tribes: Are Friends the New Family?* London: Bloomsbury Publishing.

2

友 得揀

“朋友何處尋？”

朋友有幾種？

既然每個人都需要朋友，那麼首要回答以下問題。

第一個問題是，我需要多少朋友？不用擔心，我們不能無窮盡地結交朋友。

朋友，最多只要 150 個。

Oxford University 的人類學家 Robert Dunbar 於 1990 年代提出了「鄧巴數字」(Dunbar's number)，指出一個人最多能保持關係的朋友是 150 人，其中關係最密切的不超過五個。他發現人類大腦半球的頂層，有個叫新皮質（neocortex）的地方，它的大小限制了對羣體規模的掌控，決定了能與維持緊密關係的人數上限。所以即使你是社交能手，都會有極限。

另一個好消息是，原來一般人都只得五個好友。這個目標比較容易達到。

選什麼朋友？

第二個問題是，既然朋友貴精不貴多，我要選什麼朋友呢？人們常常說：「要帶眼識人」，究竟我要找怎樣的朋友呢？擇友，有取向嗎？

韓國精神科醫師成裕美在她的著作《虧我一直把你當朋友》中，曾提出四種擇友的類型，同時是四個方向，選朋友要：

第一類：跟我相似

「我只想和自己合得來的人交往。」

好處：容易開始和易把握；

潛在風險：這可能加深你對少數人的執著與依賴。

第二類：跟我不似

「我喜歡和各種不同的人交朋友。」

好處：社交廣闊；

潛在風險：在交往不深的情況下，你可能難以建立真正親密的關係。

第三類：強過我

「比自己強大的人很有魅力，我只想和這樣的人在一起。」

好處：可依靠和從中學習和得利益；

潛在風險：你害怕表達自己的心聲，最後可能自行終結這段關係。

第四類：弱過我

「我喜歡那些順從自己意見和照我意思去做的人。」

好處：社交上有話事權和話語權；

潛在風險：你的私心也許可能很重，最後有機會遭對方拋棄。

成裕美提醒我們真的「要帶眼識人」，意思是認真地去發現怎樣的朋友對自己有怎樣的影響和好處，而不能太過隨意隨機。

四個方向都各有好處，對你各有不同的影響。你有否用這種有系統的方法去判斷你的朋友圈？

選朋友，是情感上互相滿足

選怎樣的朋友，可能關乎你的性格、經歷、現時朋友的多元性，或者純粹是隨機。更重要是，友誼是一種情感上互相滿足的關係。

你的選擇可能要反思以下問題：

認清自己的需求

問自己在這段關係中的情感需要是什麼？是陪伴？是利益？是玩樂？是聆聽？是被明白？

認清朋友的需求

你又知否朋友的需要？朋友和我的需要有多大關聯？例如有共同性、不同性、互補性。

將對方視為獨立個體

我是否將他視為獨立的個體？意思是，你會放下自己的需要，去接納別人的獨特性和不同性？

怎樣尋求別人去滿足自己的需要

有勇氣去表達有求於人嗎？有勇氣去清楚地表達你的需要嗎？帶着什麼態度？為什麼會想找他去滿足呢？

面對朋友對我的需要

能接受對方對你的需要所作的任何反應嗎？一旦別人未能應承或滿足，可接受嗎？

尋求共識

向對方尋求幫助時，能夠在界線上、限度上和時間上，有勇氣尋求共識嗎？例如界定需求和幫助之間的分際，雙方是否有說好會幫到什麼程度。

思考

儘量寫，寫出你身邊所有仍在聯繫和互動的朋友的名字，網上交流的也可以。究竟有 150 人嗎？

我嘗試將成裕美的內容加以整理，歸納為一個四格座標。你可以試將要好的朋友放在合適的位置，看大部分朋友座落哪裏，最後便發現你的擇友取向了。

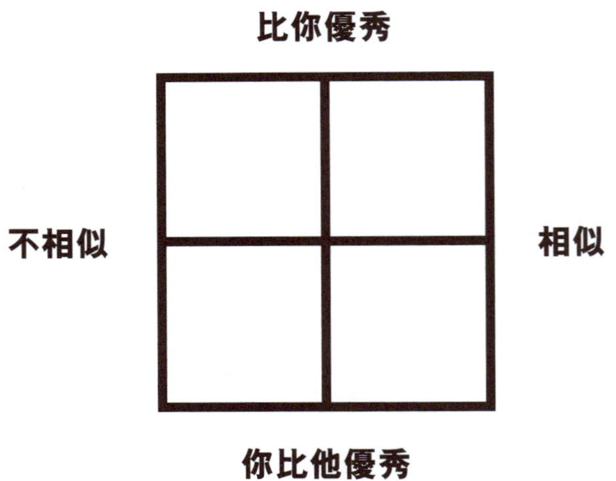

資料來源：

Robin Dunbar.(2021). Dunbar's number: Why my theory that humans can only maintain 150 friendships has withstood 30 years of scrutiny. Retrieved from: https://www.medsci.ox.ac.uk/news/dunbar2019s-number-why-my-theory-that-humans-can-only-maintain-150-friendships-has-withstood-30-years-of-scrutiny

朋友是物以類聚

上一篇開啟了我們對於選朋友的思考，原來選朋友並非一種單純的隨機活動。科學家和心理學家一直研究我們是怎樣選朋友，以下會深入探討幾方面：

- 共同性（similarity）或同質偏好（homophily）
- 互惠互利性（reciprocality）
- 愈見得多愈能成為朋友（exposure）
- 愈近愈能成為朋友（proximity theory）

我們由第一點「共同性」開始。

朋友跟我有共同 DNA

美國社會科學家 James Fowler 研究和追蹤朋友之間的基因，希望了解友誼和基因有沒有關係。他在六個不同的基因當中尋找標記，發現一對好友共同擁有一種第二型多巴胺受體（dopamine receptor, D2）變異體的機率很高。如果我們說友誼是一種緣分，也許緣分就是那種基因吧！

轉用一個比較學術的字眼，也可以叫「同質偏好」。它指個體更傾向於與他們相似的人交往和建立連結（即物以類聚）。不少社會網絡分析研究都觀察到某種形式的同質性，並指出「相似」與

「產生聯繫」有關。同質性可以存在於年齡、性別、階層等分類間。同質個體間相似的特質（如信念、價值觀、教育等），讓他們更容易交流並建立關係。

California and Dartmouth College 在一項研究中找來 279 位學生，先叫他們填寫誰是自己的朋友。從中選出朋友圈，最後得出 24 人，叫他們一起看一些短片。這時候，研究員會用 MRI 去掃描他們的大腦活動。

研究發現，朋友間的大腦活動，特別在學習、動機、記憶和情感處理部分，會非常相近。所謂朋友間有着共同的 brain wave（腦電波）或者 same channel，原來是沒錯的。

朋友間有共同性有很多好處：

- 容易找話題，找出交往的起點；
- 比較暢順地相處和交流；
- 多機會共同去參與一些事和活動，相處機會大增；
- 對自己喜好的事物，可以發展和擴張出去。

共同性的好處——綠鬍鬚效應

英國演化生物學家 Richard Dawkin 提出一個生物上的理論，叫「綠鬍鬚效應」（green beard effect）。

他的假設是，如果是一個基因使其攜帶者（carrier）生有綠鬍鬚，而且這個攜帶者又能對其他生有綠鬍鬚的個體表現出「利他行為」，那麼天然選擇就會有利於這個基因在族羣中得到傳播。這種現象稱為綠鬍鬚效應。

美國和意大利的研究人員曾經從網桿菌中發現了「綠鬍鬚效應」，網桿菌是一種單細胞粘菌，以細菌為食糧。在食物匱乏時，成千上萬個網桿菌會聚集起來，形成一團巨大的多細胞生物體。為了使其他大部分網桿菌有充足的食物而能變成孢子擴散，其中有小部分的網桿菌須要變成「支撐孢子的莖」，但必須「自我犧牲」而死亡。這個孢子形成過程與一種被稱為 CSA 的基因有關，該基因編碼是一種粘連的「蛋白質」，使網桿菌能夠粘連在一起。這種「蛋白質」就是所謂的「綠鬍鬚」了。

研究人員發現，如果把 CSA 基因剔除，這些「蛋白質」的粘菌不僅失去了粘連能力，而且變得很「自私」，不甘心犧牲自己做「支撐孢子的莖」，而會沿着別的粘菌組成的莖拚命往上爬，想變成孢子自我繁殖。不過，長有「蛋白質」的粘菌會團結一致，一開始就把這些無「蛋白質」的粘菌擋在後頭，而讓其他有「蛋白質」的粘菌去當孢子。最後，利他行為就戰勝了個別的自私者。

這個理論仍是一個假設，而網桿菌跟人類行為是否一樣，仍有待確定。不過，這理論提醒我們，共同性帶有利他行為及羣體的生存效益。

思考

- 盤點你身邊的好友，大家有什麼共同性？

資料來源：

Belinda Luscombe.(2014). Study BFFs may have similar DNA. Retrieved from: https://time.com/2982660/study-friends-dna/

Carolyn Parkinson, Adam M. Kleinbaum, & Thalia Wheatley.(2018). Your brain reveals who your friends are. Retrieved from: https://home.dartmouth.edu/news/2018/01/your-brain-reveals-who-your-friends-are

Andy Gardner.(2019). The green bread effect. Retrieved from: https://www.cell.com/current-biology/pdf/S0960-9822(19)30391-4.pdf

究竟要有什麼相似

下一道問題是，我們選朋友，要留意什麼相似的地方？

上文提過的 Oxford University 人類學家 Robert Dunbar 與團隊又檢視和分析很多羣組，發現能成為好友的因素中，有以下七條「支柱」(pillars)：

1. **相同的語言**
2. **在同一個地方成長**
3. **相同的教育和職業經歷**
4. **相同的嗜好和興趣**
5. **相同的世界觀（道德觀、宗教觀和政治觀等）**
6. **相同的幽默感**
7. **相同的音樂品味**

人與人之間有愈多以上的共同性支柱，就愈能成為好朋友。任何一條支柱都一樣重要，無分高下。事實上，你社交網絡的每一層都相當於特定數量的共享支柱。最親密的五個人那一層應該會有六至七條共享支柱，150 人中最外面的那層可能只有一至兩支，不管是哪一些支柱。

情況好像：找相同！愈多，愈會成為好友。

搜尋朋友的過程

交朋結友的過程其實是一種「搜尋」。

認識新朋友之初，你會在他們身上投入大量時間，以便評估他們在七條支柱上的位置。這需要花時間，然而等到你確認他們的位置，就可以把花在他們身上的時間減少到與你們共同支柱數量相當的程度。而你可能需要多次嘗試才能找到適當的人做你最好或名列前五位的朋友。

共同性的兩個反思

第一個反思是，究竟選朋友通常會選有共同興趣的人，還是做了朋友，近朱者赤，漸漸形成共同興趣？

Music Marker Theory 的研究指出，青少年會找音樂風格偏好雷同的人做朋友；不過，研究又發現他們其實會先認定對方可能成為朋友，才作出這選擇。

Wellesley College and University of Kansas 的研究員曾分別找來兩組大學生，一組在一間小型校園（約 500 人），另一組在一間大型的（約 25,000 人）去做實驗。最後他們發現，大部分大學生都會找有共同興趣的人互動。不過，較大校園的學生能找到有共同性的人機會較多。為什麼？他們普遍認為，在較大的校園找朋友的機會比較多，所以有權去「揀擇」。但同時，在較少人數校園的學生，卻會比另一所大學的學生更重視友誼。

第二個反思是，有時人太快下判斷，立即以為大家一定很夾或一定夾不來。有些人認定只要一種興趣不同，就沒朋友做，立即定性為「道不同不相為謀」，未免太武斷了。當你未完全認識別人的不同「支柱」，請不要太快說「我跟你沒相同」；又或者，他人的興趣可能會影響和感染你，令你建立新的「支柱」吧！

不能將共同性放到最大

共同性，有好處也有壞處。當大家認定友誼中要有共同性，可能產生壓力，被迫要「跟大隊」，可能難以做自己。這在年青人當中特別普遍。

回應最初「雞先蛋先」的問題，有研究找來一班 Royal Netherlands Naval College 的學生做實驗，發現他們很可能受同儕的壓力，漸漸形成相似的興趣和活動。

朋友間的物以類聚是有用的，但不要放得太重。我覺得，在友誼當中，既可以有共同性，也可以有個別性，兩者平衡就好了。

思考

- 儘量想，試在以下不同主題寫出有什麼朋友跟你相像。（可以重複）
- 之後看看誰跟你最多共通點。
- 你跟他 / 他們的關係如何？相處上感覺如何？
- 會有些好友，跟你的「支柱」不同嗎？為什麼你會選擇他做朋友？

	有哪個朋友？
相同的語言	
在同一個地方成長	
相同的教育和職業經歷	
相同的嗜好和興趣	
相同的世界觀（道德觀、宗教觀和政治觀等）	
相同的幽默感	
相同的音樂品味	

資料來源：

Sheon Han.（2021）. You can only maintain so many close friendships. Retrieved from: https://www.theatlantic.com/family/archive/2021/05/robin-dunbar-explains-circles-friendship-dunbars-number/618931/

Aart Franken, Loes Keijsers, Jan Kornelis Dijkstra, & Tom ter Bogt.（2017）. Music preferences, friendship, and externalizing behavior in early adolescence: A SIENA examination of the Music Marker Theory using the SNARE study. Retrieved from: https://www.ncbi.nlm.nih.gov/pmc/articles/PMC5491604/

Wellesely College.（2016）. New study finds our desire for 'like-minded others' is hard-wired. Retrieved from: https://www.wellesley.edu/news/2016/february/node/83586

Maurits de Klepper, Ed Sleebos, Gerhard van de Bunt, & Filip Agneessens.（2010）. Similarity in friendship networks: Selection or influence? The effect of constraining contexts and non-visible individual attributes. Retrieved from: https://www.sciencedirect.com/science/article/abs/pii/S0378873309000343

朋友，我對你好，你對我好

然後，我們探討友誼中的禮尚往來，互惠互利性（reciprocality）。

人們會說，如果你對人好，別人也會對你好。你要人怎樣待你，你就要怎樣待人。這是 3 歲小朋友都懂的事。

對朋友特別好

人類的天性會問，誰是我的朋友。而我們會對朋友比較好。

曾經有一個實驗，要求 10 至 12 歲兒童將自己心愛的東西分給別人，他們向朋友會平均分配或者分更多，而向陌生人最多只會平均分配。

University of Warwick 的 Freya Harrison 博士在研究中，請參加者做深蹲，以換取回報。第一次回報會給自己，其他時候會給四個不同的人，包括點頭之交和深交朋友。結果發現，他們會為密友多做幾次深蹲，目的是讓他們得更多，結果他們竟然平均比為自己做多了 1.5 倍。這表明什麼？原來人真的會為朋友捨己的。

2008 年《科學》期刊上刊登了一個實驗。研究員給參與者五元至二十元，其中一半人要當天把錢花掉，另一半人要把錢分給別人。事後研究員訪問他們當天的快樂程度。結果，無論是拿得較多錢，或者自己花光了錢的人都不會特別快樂。反而願意將錢跟別人分享的，才會更快樂。

原來我們對朋友好，因為當中我們可以獲得快樂。這是一種利己（令自己快樂）的「利他精神」。

因為我對你好，你都對我好

正因為我們會對朋友好，朋友會為我們作出互惠互利的行為。結果，大家都一齊好，而且一直如此，愈來愈好。

德國心理學家 Martin Schmelz 和 Sebastian Grüneisen 做了一個實驗。他們訓練了六隻猩猩，將牠們分成兩隻一組。在每隻猩猩面前都會設置四條繩子可以拉扯，每條繩子會帶來不同的結果：

1. 只給自己香蕉粒
2. 只給同伴香蕉粒
3. 給雙方香蕉粒
4. 將自己的選擇機會讓給同伴

研究員預先訓練了一隻名叫「泰」的母猩猩，在所有的回合中，泰永遠只會選擇最後一個選項：「將自己的選擇機會讓給同伴」。令人驚訝的是，經過十幾回合之後，當泰放棄了自己的機會，另外六隻猩猩同伴有高達 75% 的時候選擇同時給雙方香蕉粒，這樣的行為顯示出牠們重視泰的付出，而且顯示出互惠互利的精神。

團隊為了進一步證明動物有「利他精神」，稍稍改造了一下實驗。這次，泰的同伴只有兩種選擇：一是給自己四顆香蕉粒，或者是給自己及同組夥伴各三顆香蕉粒（即自己少了一粒）。結果 44% 的猩猩最後選擇了犧牲自我利益的選項，而與同伴分享。

這項結果顯示，即便猩猩「知道」自身利益會減少，依然會因為看見了泰的無私舉動而覺得自己不得不回報她。人會學習或者受他人感動而作出純粹的利他行為。

對互利的一點反思

你對人好，人對你好。這是小朋友都知道的「交換」道理。那麼，友誼會否變得「功利」或「等價交易」，只建基於互惠互利嗎？

友誼可以超越表面行為和私利，可以是一種由心出發，彼此感動的倫理關係。

思考

回憶最近朋友對你好的地方，例如幫助、讚賞、肯定、認同、禮物、請食飯……

你又有回饋嗎？

資料來源：

Guerra Nereida, Áyfrica Heras, M. Colell, & Josep Call.(2016). Chimpanzees(Pan troglodytes)playing the Ultimatum and Dictator Games. Retrieved from: https://www.researchgate.net/publication/298351764_Chimpanzees_Pan_troglodytes_playing_the_Ultimatum_and_Dictator_Games

日久生友情

第三方面，朋友是否愈見得多，自然成為朋友呢？

愈見得多，愈有安全感

當一個人不斷地出現，我們就愈可能喜歡上他。相反地，我們通常會對陌生的臉孔產生防衛。但久而久之，又會增進安全感。在心理學上，這叫做「多看效益」(mere exposure) 或叫「單純曝光效應」。

原來「面熟」很重要。科學家指出，嬰孩對着熟悉的人的相片，比起第一次見的臉孔，微笑的機會較大。

愈見得多，愈有好感

University of Pittsburgh 的心理學家 Richard Moreland 和 Scott Beach 進行過一個「課室實驗」。

在實驗中，他們挑選了四位女士，她們會出席一個有 200 位學生上課的心理學課程。課程共有 15 堂。當中預先設定四位女士：

- 第一位女士會出席 15 堂

- 第二位出席 10 堂
- 第三位出席 5 堂
- 第四位完全不會出席

四位女士會在開課前幾分鐘到達，並要安靜地、慢慢地走到講堂的比較前方，坐在人人都可以看到的位置。她們不能跟其他學生有互動和傾談。

整個課程完結了，才是真正研究的開始。研究員會向之前班上的學生展示四位女士的相片，詢問他們的印象。當研究員問學生對她們的印象時，平均只有四分一人對她們有印象。不過，當研究員問學生對她們的好感時，學生竟然對出席次數最多的那位女士，抱持最強烈的好感，覺得她比較吸引。

另有心理學家曾做過相似的實驗，請幾位大學生看一些人物照，有些看二十幾次、有些看十幾次、有些只看一兩次，並請他們評價對照片的喜愛程度。結果發現，當他們看到某張照片的次數愈多，就愈喜歡這張照片；也就是說，看的次數增加了喜歡的程度。

經營友誼，要花時間

如果日久生情的理論是真實的，我們需要有以下反思。

第一個反思，我們真的要花時間在好友身上。

University of Kansas 的 Jeff Hall 研究指出，朋友圈子不是一成不變，陌生人可能成為密友，核心朋友也可能反過來變回普通朋友。他將交友的事「量化」起來，計算所花時間。

有研究調查指出，從陌生人變成一起從事休閒活動的朋友，大約需要 40 至 60 個小時，而想要成為密友，大約要用 200 小時。換句話說，想要擁有 15 位密友，最少要投資 3,000 小時。而且這羣人即使在疫情中，也不會斷了聯繫，反而更加頻繁關心彼此。

「多看效益」往往能建立熟悉而穩固的感情，也就是人們通常所說的「日久生情」。或許「日久生情」沒有「一見鍾情」的觸電感覺，但經過長期相處與磨合而建立的感情，更顯珍貴。如果你想改善人際關係，不妨試試多在社交場合，甚至社交網絡上「曝光」，擦出你的「存在感」。

太多曝光可能不好

第二個反思是，如果要別人太多關注，在社交平台出現太多，變成一個追求關注（atttention seeking）的人，關係也會過猶不及，做事過分就好比做得不夠一樣，過猶不及。

當然這個效應不是無敵，必須符合兩個條件：

1. 不能給予令人厭惡的第一印象；
2. 曝光要適中，不能過度，否則令人反感。

所以，很多事都要適中和中庸之道。

思考

你在一個月內、一年內，花上多少時間在你的最好朋友身上：

即時通訊上：

社交平台互動上：

電話聯絡：

實際見面：

資料來源：

Richard L. Moreland, & Scott R. Beach.(1992). Exposure effects in the classroom: The development of affinity among students. Retrieved from: https://psycnet.apa.org/record/1992-39129-001

Rick Hellman.(2018). How to make friends? Study reveals how many hours it takes. Retrieved from: https://news.ku.edu/2018/03/06/study-reveals-number-hours-it-takes-make-friend

近水樓台成朋友

第四方面，有點跟上文相似，是否生活得愈近的人，自然成為朋友呢？

所謂近水樓台先得月，人與人之間的遠或近，可會發展成關係的親與疏。所以有些人只會跟現時一起學習、工作、生活的人做朋友，當離開這個「位置」，就沒朋友做。

因近而親

二十世紀初，心理學家研究發現，我們交友的對象，往往是住在附近或因為上同一所學校、在同一個地點工作，或去同一個地點而經常碰到的人。他們將這個現象叫做「因近而親理論」(proximity theory)。

美國社會心理學家 Leon Festinger 博士曾以一班住在麻省理工學院宿舍的學生為實驗對象，了解人與人的生活距離和交友關係。研究發現，在宿舍內住得愈近的學生愈能成為好友，相反就比較難。

一方面，人想喜歡交往和親近跟自己比較相似，比較投契的人。另一方面，住得愈近，交往的機會和次數相對會比較頻繁，也方便彼此交心，容易產生好感。

網絡世界，拉近距離？

隨着科技通訊的使用愈來愈多，可會對「因近而親理論」產生影響？基於電子通訊形式允許人們與不同距離的他人互動，而不用再考慮物理距離的限制。

以色列心理學家 Amichai-Hamburger 和團隊研究指出，他們抽樣的大多數社交網站帖子都發生在居住於同一州分（即使不是同一城市）的人們之間。表面上電子通訊似乎提高了人們的通訊能力，但通常僅在預先存在的環境已經相互了解的人之間使用。

如此看，我們選擇朋友都未必完全離開「因近而親理論」。

人走便會茶涼？

想起「因近而親理論」，不期然想起近年很多離開我們，移民外地的好友。離別當然不好，我們也很想珍惜昔日的友誼。但原來距離真的難免影響大家的關係。

時差、地域、文化、生活環境和面對處境等種種不同，令大家不能即時交流，而且可能感到對方未必完全明白自己的處境。最後，昔日的友誼只好放在「時間囊」保存，等到有日相見，再開箱回顧。

以上說法可能會令人感到有點可惜和唏噓。我相信不是每個人都想輕易放棄昔日友誼，可是生活迫人，令大家忙於應對生活大小的困難和問題，漸漸忽略了維繫，或者一時之間，一言難盡自己的困難，簡簡單單在即時通訊軟件傾兩句，已不錯。

靠意願，突破地域界限

當你細心想，「因近而親理論」和前文的「多看效益」是相關的，可以互相發揮和互補。所以，即使一時未能發揮「因近而親」，也可以用「多看效益」去填補。

世上無難事，只怕有心人。我覺得要突破距離的限制，事在人為。雙方要維繫的話，就需要意願，有意願去維持定期交往溝通，有意願去分享外在環境和內心處境，有意願認定對方是一世朋友。例如：

- 約定在網上定期見面聯絡；
- 平時在即時通訊交換近況和問候；
- 約定時間，彼此互訪；
- 節日和慶祝日子，寄心意卡或禮物。

重要的事講三次，我覺得是：意願、意願、意願。不要老是等別人主動，可能別人都在等你啟動。

思考

- 你有哪些好友已經離開香港？
- 你有跟朋友約定，用以上方式聯繫嗎？
- 如果沒有，是大家未有時間約定？大家沒意願？還是你自己心灰意冷，不想主動提出？

資料來源：

Festinger, L., Schachter, S., & Back, K.(1950). *Social Pressures in Informal Groups; a Study of Human Factors in Housing.* Redwood City, CA: Stanford University Press. Retrieved from: https://www.frontiersin.org/journals/psychology/articles/10.3389/fpsyg.2022.796002/full

Anna M. Lomanowskaa, & Matthieu J. Guitton.(2016). Online intimacy and well-being in the digital age. Retrieved from: https://www.ncbi.nlm.nih.gov/pmc/articles/PMC6096121/s

3

朋友　有幾種？

“邊個先係我朋友？”

朋友要分類？

前文說過，Oxford University 的 Robin Dunbar 提出了 150 人的概念，指出人的大腦只能同時管理 150 個朋友。究竟我們要如何「管理」這班朋友？而他們都是相同的朋友嗎？有否不同的類別？

朋友雖多，親疏有別

事實上，我們由線上到線下天天都接觸很多人，過去和現在也接觸過很多。那麼個個都算是朋友嗎？以下是 Robin Dunbar 進一步的推演，畫出一個朋友圈：

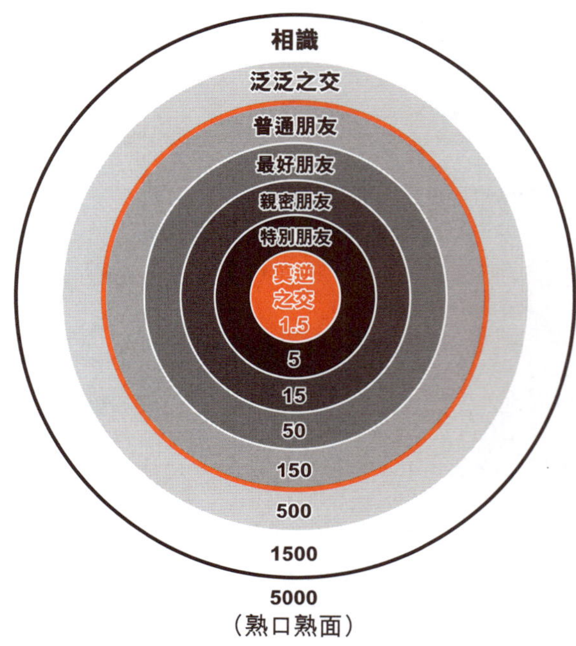

圖中所見，我們最要好、最親密的朋友只有 1.5 個，之後是親密朋友、要好朋友、好友及普通朋友。再外圈的是泛泛之交或點頭朋友。最外圈的只是相識（只介紹過名字或碰過一兩次面）。

當然這個數字不是一個規律，更不是定理。不過足以讓我們檢視自己的交友圈情況，及所花的時間和精神的狀況。

我說過，每年年終訂定新年大計時，會再一次統計和檢討自己的朋友圈。有誰升級，有誰降級甚至消失，同時也問自己：為什麼？有什麼地方要更努力去維繫。

以質與趣味為分類

記得本書楔子引述的詩〈友情傘〉嗎？作者是文學大師余光中教授。他對朋友都有其見解，在〈朋友四型〉一文中以兩個特點去將朋友分類：級別和趣味性。

級別：我覺得他的意思是朋友的知識和品德的質素，這個人對你有幫助、有益、有良好影響嗎？比喻是，有營養的食物。

趣味性：指朋友可否為你帶來歡樂和笑聲。比喻是，好味的零食。

以這兩點去並湊組合，可以歸納成朋友圈的四大類型。

第一型：高級而有趣

對余教授來說，這類是最理想的朋友，不過可遇不可求。世界上高質素、高學歷的人很多，而有情趣、懂搞笑的人也很多，只是又高級又有趣的人卻少之又少，很難兩全其美。

我想起一個醫生朋友。他固然學識豐富，但為人愛說笑，愛揶揄，與他一起一定滿載笑聲。我不能說他很有品味，風度翩翩。不過他都近似這種人。這種完美的人很難找。

第二型：高級而無趣

這種人大概是古人所謂的「諍友」或「畏友」，就是能夠直言規勸的朋友。這種朋友具備豐富知識，有的品格高尚，像一個模範生。可惜他有點悶蛋，缺乏幽默感。

我想起一個大學講師朋友。他學識淵博，在學術上給我很多指引和建議，可是說話總是硬繃繃，一看不過眼就直言相諫，有時令我想立即掛線。

第三型：低級而有趣

這種朋友極富娛樂性，說笑話，甚至黃色有味笑話；說故事，最動聽；消息，最靈通；鬼主意，多籮籮。

我沒法想起特別某一個朋友。要知道，男孩子在成長中必定有一些話沒養分，沒有一句正經的朋友，同時他們也是最懂搞氣氛的人。不過，我會想，他們會否是透過這些方式去掩飾自己的內心世界？心底話會向誰傾訴？

第四型：低級而無趣

余教授認為這種人當然自有一套價值標準，非但不會承認自己低級而無趣，恐怕還自以為又高級又有趣。

我會覺得這種是「話不投機半句多」的人，而且自以為是，根本不會接近，或談不到三句我已經走開。

那麼我在朋友眼中又是哪一類型的朋友呢？我很好奇！而你又是哪一種朋友？

思考

以下分類，把朋友對你的作用和益處，以下面不同方式分類，結果會如何？

人生要有的九種朋友：

1. 推手（builder）：擅長鼓勵，總是會把你推向終點。

2. 支柱（champion）：總是和你站在同一陣線，支持你的信念。

3. 同好（collaborator）：與你興趣相近的朋友。

4. 夥伴（companion）：無論如何，當你有需要的時候，他們總是站在你身邊。

5. 中介（connector）：你想要的東西，他們有辦法幫你搭起橋樑。

6. 開心果（energizer）：他們總是有辦法讓你精神大振。

7. 開路者（mind opener）：可以拓展你的視野、鼓勵你接受新觀念、想法、機會、文化與人脈。

8. 導師（navigator）：他們可以給你建議並指導方向。

9. 糧友（fooder）：想減肥的時候，總有人幫你增加卡路里。

資料來源：

余光中（2005）:《余光中幽默文選》。台北：天下文化。

擴大社交版圖

社交圈中有個很特別的一類，就是社交網絡。究竟網上的友誼是近是遠，是虛是實呢？

很多人可能覺得網上 social media 會有一日取代面對面的人際交往，或者令網上和網下的世界模糊起來。事實是，原來人類有學習能力，隨着網絡世界的發展，人的大腦也能分辨網上和真實世界的朋友交往。換言之，網上網下社交似乎是可以平衡發展的。

線上線下的關係

University of Kansas 的溝通學學家 Jeffrey Hall，曾在 2016 年對 social media 的行為作研究，得出三個發現。

第一，在 social media 上大部分的人際交往行為會比較被動（passive），例如只是瀏覽別人動向或看看新聞資訊。而他們都知道這並不算是「真正」的主動交往。

第二，對於比較熟悉的朋友，一般人都會覺得須要面對面的交往。即使在 social media 上，也會用比較主動和直接的通訊、留言等互動來聯繫那些「好友」，跟平日面對面的互動無異。可以說，social media 算是面對面互動的延伸。

第三，研究員要參加者每日在隨機的時間使用 social media，之後再訪問他們的體驗。98% 參加者可以清楚分辨網上和日常真實交往的分別，而且會在不同處境作出不同的應對。

社交圈子不斷擴大

無論如何，社交平台能夠把社交圈子無限擴大。在社交平台，又或者透過網絡遊戲等，我們的確可以跟朋友的朋友，甚至朋友的朋友的朋友互動。這些社交平台甚至會推薦你去認識某些人。

你可以認識別人的朋友，你的朋友轉載朋友的資訊時，你也可以看到。你可以 add 朋友的朋友，甚至關係更遠的人。

Dr. James Fowler 從事心理學及政治科學的研究。他認為每個人都可以認識自己朋友以外的人，從中得資訊，甚至受到朋友以外的人影響。他做了一個實驗，追蹤 20 個小孩子的社交活動，並他們如何受關係影響。當時間愈久，小孩子的社交網絡會愈大。

他發現人往往在社交上受三種朋友的影響：

- 第一是朋友的思想和行為；
- 第二是朋友的朋友的思想和行為；
- 第三是朋友的朋友的朋友的影響，一圈一圈擴展的。

他認為一個人如果有經常互動的五個好友，而那五個朋友又經常跟他們另外五個朋友互動，那已經有 25 個人。而那 25 個人又分別跟自己五個好友經常互動，那麼一個人已經可以與 125 個人在相互影響。可以說，我們的生活圈子或者藉此可以不斷擴大。

不過，社交質素又如何？只是在 Instagram（IG）上簡單地派 like、一個 emoji 或短語，這算什麼社交呢？或許你會在 Dunbar 的朋友圈中加多一個團，但仍只是「線上朋友」。

網絡無限，人力有限

我們的時間和心力有限。而且，人的安全感強弱，也會影響你想不想認識那些朋友，是否相信那些人。

Dunbar 雖然提出了 150 人的理論，不過，Dunbar 也認同因為網絡和 social media 功能的便利，大大提高了這個數字的上限。

他認為在真實的交往中，一個人在一星期內起碼會聯絡最要好的朋友至少一次；而對次一級的 15 個朋友，就至少一個月一次；而對朋友圈外圍的人，就至少一年一次。透過 social media 的方便，可能會令以上的互動和聯絡增加多一點。

與此同時，你會問：自己的 social media 朋友人數一定超出 150 人，有時可能達到 1,000 人以上。Dunbar 說：數字是沒有意義的，因為人總有時間和精神的限制。他們可以真正聯繫的，還是跟 150 這個數字差不多。他們只不過將第 150 位以外的人排斥在更外圍的朋友圈而已，變成大量的普通朋友（acquaintance）、沒互動的「閒置朋友」，甚至等待刪除的「垃圾朋友」。不錯，social media 可以擴大社交版圖，給予很多便利。但人類仍然知道不能放棄真實的社交和其方式。

思考

- 檢查你的社交媒體朋友圈，有多少是普通朋友、閒置朋友，甚至「垃圾朋友」？

資料來源：

Erinn Barcomb-Peterson.(2016). Scholar shows we understand social media does not equal social interaction. Retrieved from: https://news.ku.edu/2016/08/11/dont-worry-we-get-it-scholar-shows-we-understand-social-media-does-not-equal-social

Daniel Carrillo.(2020). Prof. Fowler's take on your friends, their friends, and their friend's friends. Retrieved from: https://ucsdguardian.org/2020/04/26/prof-fowlers-take-on-your-friends-their-friends-and-their-friends-friends/

Dorset Bakers, & Thomas J. Fudge.(2016). How face-to-face still beats Facebook. Retrieved from: https://www.ox.ac.uk/news/2016-01-20-how-face-face-still-beats-facebook-0

有 like 就有朋友？

所謂水能載舟，亦能覆舟，social media 是兩刃劍，可以促進社交，也可以放大和增強一般人際交往的破壞力。

將內在問題擴大

Erasmus Universiteit Rotterdam 的 Chantie Luijten 和團隊在 2019 年就研究以上問題。他們訪問了 1,298 個介乎 11 至 17 歲的荷蘭青少年，了解使用 social media 跟內化心理問題（internalizing problems）及心理質素（well-being）的關係。他們發現：

- Social media 在一定程度上會影響內化心理問題及心理質素；
- Social media 的使用和真實友誼質素沒有顯著的相互作用；
- 反而 social media 的表現卻似乎反映真實交友情況；在真實關係上有高質素社交友誼的男或女，發現比較少內化心理問題，及具備高的心理質素；
- 青少年女性較男性多用 social media，而她們使用 social media 時，產生的內化心理問題及降低心理質素的機會較高。

如果你本身心理上有缺口，social media 可能令缺口擴大，內化了自身的心理問題。例如：

- 如果你原本是個自卑的人，望着熒光幕久久都未能寫一隻字，不知如何表達自己，只會更自卑。
- 如果你本是個寂寞又不敢主動的人，發現別人沒如你所願去留意你或回應你，會更覺孤獨和沒價值。
- 如果你本是個易妒忌的人，看見別人相識滿天下，和朋友之間的活動和交往，動向精彩豐富，會更咬牙切齒。
- 如果你一向很難應對別人的面對面欺負，在網上你更難抵抗別人的取笑和欺負。

以上可見，我們又回到內心安全感的問題。一個內心本來沒安全感的人，可能在網絡底下可以躲避一會，可是沒處理的內心問題，最終也會使你翻船。

打機都是社交

上文似乎表達青少年男孩比女孩少受 social media 影響。其實他們只是傾向在不同地方「社交」而已。我們不要忽略另一個重要的「社交平台」── 打機。

致力有關科技和人際關係研究的美國研究員 Amanda Lenhart 在 2014 至 2015 年向青少年作出研究，她指出：

在打機時

- 78% 的青少年覺得更連繫到本身相識的朋友
- 52% 的青少年覺得更連繫到本身並不相識的朋友

在打機時，更連繫到其他打機朋友（他們本身相識的），

- 84% 的男孩子認同
- 62% 的女孩子認同

在打機時，可以更連繫到其他打機朋友（他們本身不相識），

- 56% 的男孩子認同
- 43% 的女孩子認同

從以上看出，無論什麼年紀，打機都是男生很重要的玩樂，同時是社交的場合。一方面可能是一心二用，另一方面可能比較自然和輕鬆，易找共同話題。

不過，正如一般男孩子的社交較着重合作和行動，似乎比較少機會分享感受。

知道你的限制

利用 social media 社交沒絕對的好與壞，視乎如何運用。

Social media 運用大數據的功能，令你愈看愈想看，愈搜尋愈想搜尋下去，最後不能自拔，感到花很多時間在沒養分的人和事上。而且，當你愈看愈感到不安時，要即時暫停，不要泥足深陷。知道你的限制，同時也限制你自己，不要花時間和精神進入一個沒效果的社交狀態。

知道誰是朋友

Facebook 的研究部主管 David Ginsberg 和 Moira Burke 曾表示：「只是花時間去瀏覽別人的動向是不夠的，意義不大；只有一個人跟另一個人有互動，才是社交。」重點是互動。我們要認清 social media 上面哪些是真朋友，哪些是沒互動的「閒置朋友」。要多接觸誰，要相信誰，要跟誰互動，如何互動……

互動時，我們當然可以純粹詢問 facebook 大神一些資訊，但社交更重要的層次是情感交流，給別人鼓勵、欣賞、關心、肯定。究竟在 social media 上你有否跟朋友情感交流和支持呢？

知道 social media 只是平面

大家都開始知道，social media 上別人呈現的，很多時候只代表着對方的某一面，可能是你沒看過的一面，可能是隱藏的「真面目」，又可能是「包裝出來」的一面。全都是局部，不是全部；如熒光幕一樣是平面，不是立體。所以，可能要面對面、立體地、進一步去認識和了解，才算更優質的相處。相對地，你也要學習將你更立體的一面親自向朋友展現。

思考

嘗試利用 Dunbar 的朋友圈去統計 / 盤點你的 social media 朋友。

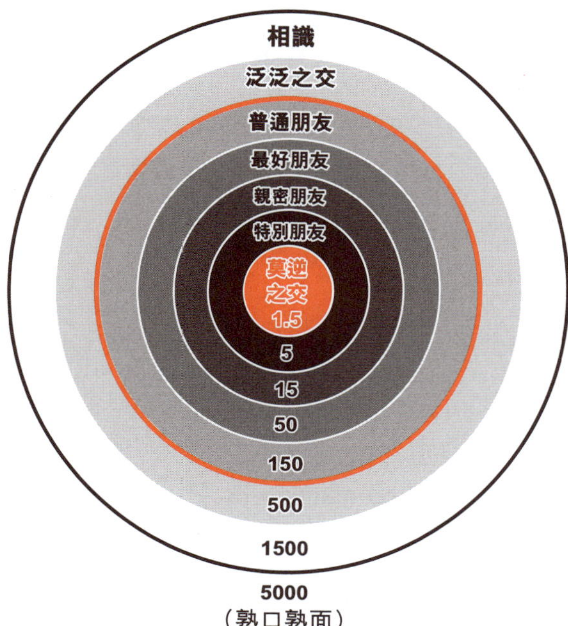

資料來源：

Chantie Charissa Luijten, Daphne van de Bongardt, & Anna Petra Nieboer.(2022). The roles of social media use and friendship quality in adolescents' internalizing problems and well-being. Retrieved from: https://pubmed.ncbi.nlm.nih.gov/35694280/

Cessey Newton.(2016). Facebook says 'passively consuming' the News Feed will make you feel worse about yourself. Retrieved from: https://www.theverge.com/2017/12/15/16781448/facebook-makes-you-feel-bad-study-research

男性間的友誼

New York University 心理學教授 Niobe Way 花了 20 年時間去研究男性如何交朋友。她發現沒有親密的男性朋友的男生在 1985 至 2009 年間，由 36% 急增至 53%。

她在著作 *Deep Secrets: Boys' Friendships and the Crisis of Connection* 中指出男性在青少年時期，其實會尋找同性的深交朋友，希望在情感上得到支持和交流。可是，當男性漸漸長大，要成為一個「男人」時，卻會經歷「去朋友化」的過程，朋友漸漸減少。

Bromance

近年新興一個字：bromance，指男性之間的親密友誼。美國有個地方叫賓夕凡尼亞州，英文叫 Philiadelphia。這個名字是由兩個希臘文字組成，phílos（愛）and adelphós（兄弟），意思是「兄弟間的愛」。究竟男性可成為密友嗎？

當你見到一對男士一起喝酒，彼此竟然以手臂撓着對方的手臂，動作似新婚夫婦在合巹交杯。而喝酒時又會眼神對望，甚至咀對咀親吻。你會如何想像？你會想，他們一定是「同性戀」。在德國，這叫做 Brüderschaft，純粹描述男性之間的一份深厚的純友誼，乃是由中世紀流傳下來的傳統。形象上，這近似我們今日所謂的 bromance。

在不少國家，例如印度、南亞國家，或好些回教國家，甚至國內，男性之間會手拖手，甚至十指緊扣，見面時會面碰面。在印度，這叫做 Bhai，意思是「兄弟們」。

男性愛面子

男生有一種天性，當一個男人遇上另一個男人，就自然將對方視為「對手」，想比較甚至想競爭，由口水戰到實力戰。這可能出於耍樂，出於挑戰，出於交流，出於好勝。可是，有時會不小心愈玩愈大，愈玩愈過火，在這時候彼此可能產生信任的危機和威脅感，例如感覺被出賣、小看或欺負。由玩樂變成戰鬥，由快樂變成憤怒，玩出火。

男性不懂「談心」

有人說，女性之間的友誼是心對心（heart to heart），而男性之間的友誼是肩並肩（shoulder to shoulder），意思是男性「少談心，只講事」，不是一起去玩，就是一起工作，談的都是「外在」的事。或許男性之間容易產生競爭，不敢表現軟弱一面，又或者男性害怕社會的眼光（social norm），生怕其他男性會取笑自己太感性、太似女人、不成熟、不獨立。其實，每個人不論男女，都有男和女的特質，沒分理性或感性。

有關「恐同」

跟上面的所説相近，男性怕友誼被視為同性戀。在我中一開學不久，有個男同學跟我比較親近，我們經常一起午飯。我還記得他常跟我談論很喜歡的藝人陳百強。其實我並沒所謂。可是不少男同學卻會取笑我們「搞基」。最後，我為了避嫌，刻意疏遠這位同學。久而久之，大家分道揚鑣，我有我的朋友，他有他的。

有時，我回想這件事，感覺是一種遺憾。他可能是因為剛升上中學，感覺陌生和不適應，所以想找個好友，可是我就「拒絕」了他。

或許，這是出於失去自信的表現。對，友誼需要自信。不容易怕被傷害，又不怕別人眼光。一個真正成熟的人，其實是有自信去交友，表露自己。這個過程，又會增添你的自信。這是 man to man 的美好。

男性友誼小錦囊

男性要維持友誼，實際上可以做什麼？這裏是一些錦囊：

固定的約會

很多男性的交往都是「打游擊」。一時見面，相隔很久才再見，或者下一次約晤已遙遙無期。很多時候，當大家興起建議一些活動時，都只講不做。其實男士需要多定期活動，可以是一起跑步、攝影，或學習新事物。就要坐言起行，才可以增加交往機會，同時令別人覺得你重視他。

關心而不是評論

男士相對少談心，表面上是一些活動（如打波），但間中朋友說一聲：「最近好煩！」那麼他已不經意地打開了一個可深入交流的窗口，你可關心一聲：「什麼事？」而不是「使乜煩！」

幾乎所有男性都需要肯定，用欣賞和肯定的話去替代建議或評論，避免否定對方的感受。當你一評論，對方就不想說下去。目的是減低「比較」和「競爭性」。

線上和身體訊息

男性不擅於用言語去表達感情，以為表達感情就是「娘娘腔」。那可利用其他方式吧！大時大節傳個問候訊息，或活動後傳個「活動後感」（after taste）訊息，如「多謝你陪我」、「好正，好好玩」、「下次再嚟」。這種方法幾乎毫不費力，卻能表達最重要的感覺：關心和重視。

另外是身體接觸。這個可能令人感到難為情。但一個拍肩頭或擁抱可以有效傳遞一個「你是我死黨」的訊息。對男人來說，身體語言反而是最剛陽（man）的方式，具有絕對的情感力量。

原來自古以來，人類可以發展出男性之間的深厚友誼。現今社會，男性不想變成最寂寞的動物，便要主動找好朋友。

思考

- 如果你是男讀者，回想成長歷程中，與男性朋友之間的友誼是怎樣發展？對你有什麼影響？

資料來源：

Niobe Way.(2013). Boys' friendships during adolescence: Intimacy, desire, and loss. Retrieved from: https://www.psychologytoday.com/sites/default/files/jra_article.pdf

女性間的友誼

前文提過的學者 Dunbar 在研究中指出，人在 150 個最親近的社交網絡中，通常約 70% 都是同性別的朋友。但這似乎發生在女性多於男性身上。

Facebook 的工程師 Lars Backstrom 和同僚在 facebook 一項大型資料搜集中，也發現女性有 68% 的私訊通常是傳送給同性，而男性在這方面則比較沒這樣明顯。

女性重友情

有研究指出，用 MRI 掃描 16 個女性的腦袋，發現當她們聽到自己或最好的朋友（bestfriend）的名字時，血液流動情況會有相應的強烈反應，這個反應顯示女性好像視好友如自己一樣重要。

專門研究科技及社會科學的 David Laniado 和同僚根據交友網站 Tuenti（被稱為「西班牙的 facebook」）近 500 萬用戶的資料，發現一半的女性最好和次好的朋友都是女性，只有 12% 最好和次好的朋友是男性。至於男性，他們就沒有女性那麼揀擇，三分一男性的最好和次好的兩位朋友都是男性，四分之一則是兩位女性。

女性朋友是一種減壓

Penn State University 的 Laura Cousin Klein 從人類行為研究中發現，一般人在壓力底下會有「戰鬥或逃跑」（fight or flight）的反應。當女性跟女性交往時，大腦的「催情素」（oxytocin）荷爾蒙會增加，這催情素可以抵消 fight or flight 的反應，即發揮減壓功能。而這情況卻少在男性身上發生，因為當男性遇上壓力，會大量釋放睪丸素（testosterone），反而抵消了催情素荷爾蒙的功能。

另外，女性如果有激動和憤怒的情緒，會傾向選擇找女性分擔，因為知道其他女性會明白和體諒她發洩的「小姐脾氣」，而不想在男性面前表現「失常」、「失儀」。

難怪女性遇上壓力和焦慮，想找女性朋友傾訴居多。

女性朋友着重「在一起」

University of Winnipeg 的心理學家 Beverley Fehr 在 1996 年發表研究男女的交友模式和分別。當中她發現女性需要朋友，因為她們喜歡「在一起」（be present together）的感覺。

女性的共同興趣多於與男性，而且較男性特別對「人際關係」議題感興趣。這樣令談話較容易維持流暢，不會停頓下來有死氣沉沉（dead air）的時間，或要勉強找話題。同時，女性喜歡在一起的感覺，因為可以分享共同經驗（shared experience），令快樂滿足加倍，製造安全感，難怪女性喜歡一起上洗手間或去購物。

而女性需要被明白和被聆聽。女性朋友就發揮這作用。女性感情比較豐富，同理心比較強，較願意陪伴和提供情感支援。

她們自知跨性別的交往容易產生感情上的曖昧和猜測。因而女性寧願在交往時免卻不必要的麻煩和誤會。當然，今時今日同性也有機會產生曖昧感情。

女性友誼也有危機

雖説男性之間愛比較和競爭，其實女性也會比較和嫉妒。或許男性愛比較成就，而女性則比較外表、人際關係、戀愛和婚姻狀況等。如果大家愛上同一個男子，那麼情況更糟。

因為女性喜愛分享，無所不談，有時一不留神，分享變了是非八卦，便引起很多誤會和猜疑。

女性雖比男性的同理心強，對情感較敏鋭。但敏鋭可變成敏感。因為對情感認真可能反而變得脆弱，一點幽默感或一點疏忽可能足以構成刺傷。而且，因為彼此都是女性，有時會毫不猶豫地確定「我這樣推斷你，一定是對的」，很快為別人判了假設或「人設」。

有時可怕之處是，女性朋友之間的愛和恨可以變得很快，變得極端，可能因為一直用情太深。男性就可能選擇放棄或忘記便算。

我覺得最理想、最美好的情況，就是男性向女性學習友誼關係（多點感性），相反女性也向男性學習（多點理性），取長補短，相輔相成。

思考

- 如果你是女讀者，回想成長歷程中，與女性朋友之間的友誼是怎樣發展？對你有什麼影響？

資料來源：

Thomas Paul, Daniel Puscher, & Thorsten Strufe.（2015）. The user behavior in facebook and its development from 2009 until 2014. Retrieved from: https://arxiv.org/pdf/1505.04943.pdf

J. Hall.（2017）. Gender of friend. Retrieved from: https://link.springer.com/referenceworkentry/10.1007/978-3-319-16999-6_1600-1

Gale Berkowitz.（2024）. UCLA study on friendship among women. Retrieved from: https://womensbrainhealth.org/think-tank/think-twice/ucla-study-on-friendship-among-women

男女間的友誼

《悲慘世界》(*Les Misérables*) 的作者，法國大文豪雨果 (Victor Hugo) 曾說：「男人和女人之間是不存在友誼的。」真的嗎？

女選男

女人之間喜歡分享和討論內心的感受和看法，有時會變得非常感性和瑣碎，情緒起伏較大，令聽的人感到疲倦；又因為女人在情感上較為敏感，容易產生誤會、紛爭和「搞小圈子」。

相反，當女人面對一個較理性的男人，會加添了一點男子氣概，大可高談闊論、開玩笑或善意取笑而不用有戒心，相處比較輕鬆。女人又喜歡找男性朋友請教客觀意見，或者從他們那裏得到被保護的感覺。甚至有些女人會以了解深不可測的「男人心」為一種虛榮。

Friends Forever: How Girls and Women Forge Lasting Relationships 一書的作者 Suzanne Degges-White 和 Christine Borzumato-Gainey 針對已婚或有伴侶的女性進行調查，發現許多女性宣稱自己的密友是男性。她們認為：「和男性的友誼沒有連續劇般的『情緒化』(dramatic)，沒有競爭，而且很容易互相分享與陪伴，這是勝過女性的友誼。」

男選女

男人受着成長羣體和社會對男性形象的規範（norms）和薰陶，同性之間的友誼模式會傾向「活動性」、「討論性」和「競爭性」，例如一起學習、運動、比賽、工作或談論政治、經濟等，甚至喜歡自炫一番，很少分享較脆弱的感覺。

當男人與女人發展友誼，互動模式會偏向「女性化」，即比較多一對一、面對面的談話，喜歡溝通，交換感覺和內心想法，容易獲得情感上的支持。這是男人從同性身上甚少得到的。有研究指出，男性認為異性友誼帶來的心靈滿足程度高於同性友誼。難怪不少男人遇上情感問題，往往想找個異性傾訴多於找同性。

曖昧可能釀成誤會

男和女的差異會令友誼變得豐富有趣，同時可能會使關係撲朔迷離。我聽過很多人將友情和愛情混淆不清的悲慘故事。

Sam 是個樂於助人的好男生。Kate 是個純真的好女生。每當 Kate 遇上困難，Sam 總會幫忙。考試臨近，Sam 更犧牲自己的溫習時間替 Kate 補習，希望一起升上大學。Kate 心裏想：「他花時間在我身上，對我百般好，可能喜歡我。」Kate 便開始尋找兩人相同和登對之處，並將 Sam 的言行細節都解釋成「喜歡我」的蛛絲馬跡。但礙於矜持，Kate 一直不敢主動提出什麼。而 Sam 漸漸懷疑對方有意思，可是因怕尷尬，不敢拒絕她的請求、慰問或小禮物。直至一天，Kate 發現 Sam 在街上拖着別的女生的手，即時感到晴天霹靂，更生氣地找他對質……

原來一切都是個誤會。

防範誤會

你可能想知道如何拿捏友情與愛情。其實，在雙方友誼未到一個心照不宣的地步，你可能需要多一點防範，以免產生誤會。

- 避免經常「煲電話粥」超過一小時（尤其在晚上）。
- 避免每天幾乎都在網上溝通、社交網站留言，寫窩心的話。
- 避免贈送容易令人「會錯意」的禮物，如鮮花、心形巧克力。
- 避免親暱行為，如經常靠近拍照、飲同一杯飲品等。
- 避免單方面向別人宣揚你們關係密切，或經常在社交網站展示二人合照。
- 要避免經常二人相處、溫習、活動，最好邀請其他人加入。
- 不用每次幫忙都幫到底，最好避免單獨陪伴，也讓其他人參與。
- 結交更多可以支持你的夥伴，有問題不一定只要找對方。
- 向對方清楚表達自己對戀愛的要求和現時的感情狀況。

溝通立約

當雙方有一定的信任，可以彼此溝通及在關係上劃清界線，就可以視為一種立約。

- 雙方都必須誠實地、敞開心胸地談談彼此關係的地步和意義。
- 雙方協定大家的見面時間和身體界線和界限。
- 雙方協定如何向其他朋友説明和解釋彼此的友誼或「兄妹」、「姊弟」關係。
- 向對方先説明，一旦一方真的動了情，可以不怕尷尬直接説出來，不用將自己當成「輸家」。大家還是好朋友。

如果異性知己戀上你：

- 也許會不知所措，但要明白和體諒對方不是有意冒犯你，他或她也是正在受情緒所困。
- 檢視為何自己不能接受這份「情」，是你不喜歡他或她，還是有過去的傷痛阻礙。
- 如果你真的不喜歡對方，就要：堅定！堅定代表你要儘快清楚表達你對他或她沒感覺，別拖延和猶豫；要忍受對方可能的失望、憤怒和攻擊；請其他朋友關心對方。
- 當然最好是大家可以冷靜下來彼此澄清，等待時間「療傷」。

- 如果對方行為激烈、咄咄逼人，你可能要無奈地放棄這段友誼，或轉為普通朋友。「離開」是為了「保護」他或她。

異性友誼要付出更大努力

記得中三時，我在小息時跟一個女同學攀談説笑。突然我聽到一聲巨響，原來他的男友在遠處重重地把書包扔在地上，面容甚是憤怒。原來我無意間令她的男友非常不滿和嫉妒。男女間的關係的確要小心。

- 因性別不同，思維會很不同，異性友情要透過比同性友誼更大的努力去了解和克服分歧和誤會；
- 為着社會對男女關係的規範，及以上説的曖昧性質，男女在友誼中更要學懂勇氣、坦誠和透明度；
- 最後，當雙方各有男女伴侶時，變成了「三人行」或「四人行」，大家更要學習界線、透明度和尊重。

異性友誼，有可能，但不容易。

- 成長中有沒有經歷過異性友誼？有否不愉快回憶？現在回想，這些關係對你成長有什麼影響？

忘年之交

記得上一章我們討論過朋友間的相似性。如果彼此的年齡差距大，甚至有代溝，怎可以成為朋友？世上可有忘年之交？

美國退休者協會在 2019 年曾做過一個跨年齡朋友調查，發現整體上，有 37% 的成年人會有一個比自己年長 15 年或年輕 15 年的朋友，而分佈是：

- 男性：28%
- 女性：36%
- 1940 至 1960 年代出生（boomers）：39%
- 1960 至 1980 年代出生（gen Xers）：41%
- 1980 至 1990 年代出生（millennials）：32%

我感覺 gen Xers 這些中年人，可以結識比他們年長及年輕的朋友，兩者兼得。作家松浦彌太郎在《給 40 歲的嶄新開始》書中曾提過，他打從年青時已結交很多長輩朋友，而人到四十卻要交年輕的朋友。

惺惺相惜，互相受益

這個調查指出他們相識的場景是：職場（26%）、鄰居（12%）、宗教場所（11%）和朋友介紹（10%）等。我相信社交媒體發達，也可以幫助人透過社交平台、打機或由網絡羣組的活動團體（如攝影、音樂、運動、行山、義工服務等），去認識不同年齡層的新朋友，而他們彼此之間所談的，大概跟一般朋友沒有兩樣，題目也非常平均，例如：

- 興趣和嗜好：27%
- 家庭和家人：21%
- 過去的經歷：21%
- 工作：21%

這調查也指出受訪者認為跨年齡友誼的好處，從中可見，他們是彼此受益的。

忘年之交的益處

	兩者得益相若	年長的得益較多	年輕的得益較多
理解對方的角度	*		
可以向對方分享個人意見	*		
得啟發			*
得到欣賞	*		
令自己感到有價值	*		
獲得榜樣和參考			*
可以了解潮流		*	
增強活力和能量		*	

忘年之交是友誼的「昇華版」

忘年之交會比同輩朋友有過之而無不及，因為他們是：

- 彼此影響：你不嫌我老，我不嫌你幼稚。年長的跟年輕的多接近，會變得年青起來；相反，年輕的會學得穩重，懂人情世故。
- 亦師亦友：年長的可以學習新事物新文化，而年輕的從年長的汲取經驗。
- 同感：很多時候年輕人正踏着的人生路，正是年長的曾經蹣跚地走過，年長的可以給予很到位的同理心和體諒。
- 角色互換：拋開社會世俗規範，年長的有時候可以擁有稚氣和赤子之心，年輕的都可以老成持重。年齡，只是一個數字而已。
- 新家人：如果年長的是單身或已到了空巢期，年輕的可成為他的「新孩子」；而年輕的也可以視年長的為「新長輩」。
- 超越性別限制：如果年紀差距很大，已經超越性別曖昧尷尬的包袱，有時更容易跟那位異性交朋友，學習理解異性。

在 2009 年，Purdue University 的 Sherry Holladay 及團隊曾訪問了 45 對親密朋友和 18 對普通朋友，當中有同輩和相差至少 10 年的朋友。結果指出在陪伴、滿足感、親密或可靠盟友等項目上，跟同輩朋友較有感覺。而在跨年齡的朋友身上主要找到彼此仰慕和欣賞的感覺。這方面原來比同輩朋友人優勝。

忘年之交就是識英雄重英雄，大家會有「你願意做我朋友，是我的榮幸」的感覺。兩個世代的人學習彼此尊重，彼此欣賞。

- 不要設限：年齡、身分、地位不是限制，別怕別人眼光；
- 不要比較：沒有誰的能力和知識比誰高，只是不同；
- 不要說教：不要老氣橫秋，以為自己食鹽多過他食米；
- 不要嫌棄：不要嫌人家老和慢。

一個耀眼奪目的年輕人和一個千錘百鍊的長輩相交，替彼此增添光芒。

思考

- 如果你身邊沒有這些忘年之交，不妨去試試結交吧！

資料來源：

AARP Research.(2019). The positive impact of intergenerational friendships. Retrieved from: https://www.aarp.org/content/dam/aarp/research/surveys_statistics/life-leisure/2019/friendship-across-the-ages.doi.10.26419-2Fres.00314.002.pdf

Sherry J. Holladay, & Kathleen S. Kerns.(2009). Do age differences matter in close and casual friendships?: A comparison of age discrepant and age peer friendships. Retrieved from: https://www.tandfonline.com/doi/abs/10.1080/08934219909367715?journalCode=rcrs20

失友

時代

4

有時　寂寞

“我有過人際關係上的創傷嗎？”

疏離世代

以上幾章談到友誼的不同意義及其重要性。可是，朋友可遇不可求，不是說有便有。沒朋友，固然寂寞；有時候，有朋友，都可能寂寞。做人真難！

很多人想擁有朋友，可是有時望而卻步。究竟為什麼？

處境令我們寂寞

寂寞是一種痛苦。但是，它也是人性發出的信號，提醒我們要和他人建立人際關係，要交朋友。但是，寂寞的長期效應會對人的身心造成具有穿透力的傷害，阻礙我們結交真正的朋友。好消息是，真正的朋友原來可以緩解這種原始的痛苦。

University of Richmond 的心理學家 Karen Kochel 在新冠肺炎的時期做研究，發現英國的大學生在一年級時，因為缺乏人與人的直接交往，引發很多焦慮、抑鬱及學習困難。

在現今疏離的世代，問題不是我們連一個朋友都沒有，而是即使有朋友，都感到孤單寂寞。作家 Gena Gephart 提出以下的世代處境，阻礙我們的友誼關係：

環境上

- 離開了你現在的公司或學校，以致離開你熟悉的關係；
- 新冠疫情時的自我封閉 / 隔離；
- 移居新地方或移民，以致離開習慣的交際圈子。

關係上

- 豬朋狗友或酒肉朋友很多，知心朋友沒幾個；
- 好朋友離開本地或離世；
- 與朋友衝突不和，未化解。

個人上

- 感覺朋友留意不到你，不明白你；
- 面對內心的困擾但暫時未能向朋友透露（例如患了重病、不能見光的事、令朋友難堪的事）；
- 面對人生重要轉捩點，如考公開試或孩子出世，就沒時間去社交；
- 你是單身，但身邊所有朋友都已婚、有孩子或者蜜運中，而你一直長期感到寂寞和孤單；
- 個人有抑鬱和焦慮困擾；
- 因為病患或身體缺陷，難以自由出行和活動。

識朋友前，先連繫自己

很多人感到寂寞時，反而害怕別人知道自己寂寞，怕被認定是「孤獨精」、「獨家村」，所以更感到無面見人和不想找人。這樣就形成負面循環，繼續沒有朋友。其實是內心缺乏自信，怕別人看穿內心的脆弱。

事實上，當我們想連繫別人，最先要連繫的是：自己。

如果你細心看上面 Gena Gephart 提出的處境，會發現環境性的事，你不能控制；別人的選擇，你不能控制。可是你卻可以控制自己的心態和個人想法。暫時不要一味想着別人，例如不斷猜測別人為何漠視你、幻想找朋友時的焦慮、痛恨自己錯失過的機會……反而，可以把焦點集中到自己的思想和感覺。

首先，問問自己的不安感覺的核心是什麼？沒自信，不可愛、不被重視、怕被拒絕？這些感覺有時可能是自製的，可以說是一種防衛機制，削弱我們「走出去」的勇氣。

識朋友，不用急

停止獨個兒不斷瀏覽社交媒體。當你感到寂寞時，看見別人似乎多姿多彩的社交生活，愈覺寂寞。不如立即找找朋友。或者，選擇享受一個人的時光，為自己現時可以一個人做的事，找出一點意義。例如學習新的事物，或者整理自己的東西，又或者整理朋友的生日 list，想想朋友的需要。

可以先找一些跟你想法或志趣比較接近，性格比較隨和沒所謂的朋友。不妨跟他們說：我很悶，想找找你。要是朋友未能即時現身，也可以找找身邊的社交圈子，不要太怕陌生。一次生，兩次熟。每段關係都是由陌生開始。

朋友是需要時間去找的，在接下來的章節，會再討論如何建立友誼。

思考

你有以下這些困擾嗎？問問自己，這些感受的核心是什麼？

- 感覺朋友留意不到你，不明白你？
- 面對內心的困擾但暫時未能向朋友透露（例如患了重病、不能見光的事、令朋友難堪的事）？
- 面對人生重要轉捩點，如考公開試或孩子出世，就沒時間去社交？
- 身邊所有朋友蜜運中或已婚、有孩子，而你一直長期感到寂寞和孤單？
- 個人有抑鬱和焦慮困擾？
- 因為病患或身體缺陷，難以自由出行和活動？

資料來源：

Samara Rosen.(2023). Taking the social out of social media: Social media induced loneliness as a mechanism for elevated depression during the Pandemic. Retrieved from https://scholarship.richmond.edu/cgi/viewcontent.cgi?article=2693&context=honors-theses

我為何會寂寞

無朋友，我們可先試用心理學角度去想想，帶你漸漸進入內心的深層次領域。<u>在寂寞時你要去連繫自己，因為「寂寞感」是關乎人對自己「生存意義」的理解。</u>

人生存的目標是尋找關係

第 1 章提過「客體關係理論」，當中有一個基礎的思想：人生存的終極目標是什麼？

這學派的心理學家會說，人生存的目標是尋找他人（object-seeking），object 就是「他人」，用另一種講法，就是尋找「人與人之間的關係」。在尋找和建立關係之中，去認識自己，確立自己的存在意義。他們的假設，不只是「人與人是一面鏡」，更是從互動中產生化學作用。因此，從來不懂認真處理關係的人，生命會變得暗淡沒光彩，塞滿着很多自我懷疑，或是對別人及世界的不滿。

英國心理學家 Donald Winnicott 曾經討論過孤單與寂寞。對他來說，人面對寂寞需要一份力量（capacity to be alone），也可以說是面對寂寞的勇氣。他認為，解答寂寞的問題，並非指身邊有沒有人，亦非單身與否，乃是有關一份內在「面對寂寞的力量」。

什麼是面對寂寞的力量？我會演繹為一種「存在感」。一個人對自己有一份充足的存在感，會有以下特徵：

- **覺得自己在世上有意義；**
- **喜歡自己，至少不會討厭自己；**
- **知道自己總有一些價值。**

這份存在感並不是一種自我陶醉或者自我滿足，而是自小在關係中（例如親子關係），從父母的眼裏，建立起以上這種自我感覺。例如，母親一直重視孩子，努力了解他的需要，明白他的喜怒憂樂，視他為心中重要的一個。那個孩子自然會有一份被需要、被重視的感覺，這就是存在感的建立。

放在成年人關係中，即使朋友未能立即回覆信息，自己不會立即假設別人不理會自己；朋友忘了自己的重要日子或事務，不會立即判定他完全不關心自己；別人不能徹底明白自己，不等於別人對你沒興趣……

寂寞時，你就是你的朋友

寂寞時，表面上想有人在身邊。

實際上，抵禦內心的寂寞，要靠一份內在抵禦力，知道自己並不孤單，並非不好，並非無價值。記得上一部分 / 第 1 章在「客體關係理論」中，提到「我好，你好」的內容嗎？簡單地說，人總覺得自己寂寞（無論有人沒人陪伴），其實是他一直看自己不好，也以為人看他不好。

要打破這局面，就要有一個人大聲對你說：「你很好！不是你想像中那麼差勁。」這個人是誰？就是你自己！之所以說，我們必須要懂得連繫自己，做自己的好朋友。

寂寞時，我們不純粹要有一個人在身邊，甚或擁有一個人，其實是需要「心中有個人」，就是一份自我肯定。原來，我們最需要的愛，是自己肯去愛自己。

在心理學上，那個孩子就產生一種狀況，感覺「心中有個人」，這個「人」大抵是一種無形的感覺，感覺別人會重視自己，自己有存在價值。那麼，他長大後，會更有能力去面對孤單寂寞，面對分離，面對跟別人的衝突。這就是 capacity to be alone，就是抵禦寂寞的勇氣。

從上觀之，我們不難明白寂寞不是因沒有人。有些人即使有朋友，有伴侶，都可以感到寂寞，只是因為他感到自己不被重視，不被明白。

思考

- 你認為自己在交友上缺乏什麼？
- 你認為你跟其他人有什麼不同？有什麼地方給比下去？
- 你認為別人如何看你？認為你有什麼優點？缺點？
- 你有過什麼人際關係上的創傷？

試連繫、累積和製造一切「我是好」的經驗：

- 回憶一些曾對你好或覺得你好的人和經驗，細心回想和回味，體會當中的正面感受。
- 從以上回憶中，寫下你認為自己值得欣賞和感恩的地方。
- 一旦又痛苦地想起一些「不好」的經驗，反問自己這些經驗是否因着一些客觀條件，或者你個人控制範圍以外的問題，並非完全是「你不好」。

儘量找一些令你有「安全感」的人，簡單地説，可能是你跟他相處時，感到自然舒服的人，或者你覺得他會向你示好，願跟你多相處的人。暫時不要強求或急於去找一些令你無安全感的人做朋友。最終目的，是增大「你好」的部分，同時多找一點「他好」的人在身邊，希望更多進入「我好，你好」的境界。

資料來源：

D. W. Winnicott.(1958). The capacity to be alone. Retrieved from: https://www.york.ac.uk/media/english/documents/The%20Capacity%20to%20be%20Alone.pdf

害羞，所以沒朋友

我們回到一些沒朋友的實際情況。首先探討一下，性格害羞的問題。

很多人沒朋友，或者不敢主動交友，原因會否出於害羞？很多人簡單地認為害羞是一種性格。有些人覺得性格沒法改變，或者有人一味覺得，只要努力一點，主動一點就可以衝破害羞。

害羞原因很多種

事實上，社交害羞沒你想得簡單。社交上害羞的人其實內心都想接觸他人，只是害怕別人如何評價自己，覺得自己沒趣或不吸引。他們可能：

- 害怕負面評價和意見
- 害怕被拒絕，被否定
- 愛比較，覺得自己沒別人好或可愛
- 沒信心自己會令人感興趣
- 常害怕自己跟別人不同，很奇怪
- 糾結於自己究竟要講想講的，還是違心地討好別人，結果最後什麼都沒説
- 掌握不到陌生環境和氣氛

以上可能有關性格，但也可能是自小缺乏機會學習，也可能是過去受過創傷。

我們又試探視一下自己，有否這些社交上的顧慮？為什麼你會有這些顧慮，是否跟你過去的經驗有關？與成長經歷有關？還是沒有學習社交的機會？

不過，這不會是你的錯，只是時間未到。**時間，可以讓你改變。學習，要慢慢來；成長要慢慢來；醫治創傷，更要慢慢來。**

作出微調，突破寂寞

如果你發現自己真的很害羞，也許要先作出一些微調和改變，一日一小步，百日就一大步。

堅持自信

當你怕自己奇怪，沒自信，一臉愁容時，其實別人看起來，更奇怪。嘗試展露笑容，不要「黑口黑面」，用笑容和輕鬆的態度去展現自己的「自信」。當你令自己看來自信，就是自信的開始。

專注外在，而非內在

害羞的人內心胡思亂想。例如當別人表現稍為冷淡，或別人沒給你預期反應。就猜測這，擔心那，想個沒停，愈想愈驚。嘗試將焦點轉向別人，留意別人的行為、衣着打扮和說話，或者回想別人説過什麼，做過什麼。這會減少你的內在焦慮，也可以作為話題。

學懂自嘲

你害羞，因為怕別人取笑。當你説錯一句話，又害怕起來。不妨幽自己一默，先自我嘲笑，讓氣氛也變從容，別人也感覺你大方得體。

幫助別人

與其在旁邊為難，什麼都沒做，不如展示實際行動。嘗試看看有什麼可幫忙，用行動去説話，增進自己的正能量及正面形象。

思考

測試：你是個社交上害羞的人嗎？

0= 非常不同意　1= 不太同意　2= 中間
3= 很同意　4= 非常同意

1. 我在社交上常常感到尷尷尬尬。
2. 我可以跟陌生人展開對話，沒問題。
3. 如果我跟一個不太認識的人在一起，會感到有壓力。
4. 跟別人對話時，我會很留意自己會否說出一些別人覺得我奇怪或笨拙的話。
5. 我跟上級或地位比我高的人說話，會很緊張。
6. 我在一大班人的派對和場合，會感到不自然。
7. 我儘量逃避或減少社交活動。
8. 我怕跟別人的眼神比較長時間接觸。
9. 我跟異性相處，會感到害羞。

計分：

回答 0 有 4 分　回答 1 有 3 分　回答 2 有 2 分
回答 3 有 1 分　回答 4 有 0 分

平均值是 14.5 分；如果低於 8 分，代表你不會害羞；如果你是 20 分或以上，代表你是個很害羞的人。

內向，所以無朋友

很多人都會說：「這個人很內向，所以沒朋友！」、「這個人很自閉！所以沒朋友！」

有個世紀大騙局：內向的人不諳交友，沒朋友；外向的人擅長交際，相識滿天下。

內向和外向的真定義

事實上，外向和內向的真正定義並非指他們的社交「能力」，而是他們的社交「取向」。所以，取向不是技巧問題，不是人格出問題，也不是聰不聰明的問題。

不過，因着取向不同，他們的分別也很大，從他們的社交平台使用率、貼文率及朋友數量，就高低立見。

內向的人

有些內向者會苦惱：為何自己少朋友？

其實，他們的社交取向是，不太喜歡一大班人的交際，不喜歡廣交新朋友，令人誤會他們害羞或高傲不合羣。他們只不過不要太多無謂朋友，幾個好友就已經足夠，喜歡人少少的（甚至一對一）約會。他們相對慎言，少廢話，想清楚才說，所以令人感覺寡言。正因為如此，當他們視你為朋友，就會非常重視你。而且，對你說的句句是肺腑之言，對你有益的話。

外向的人

表面上，他們人氣高企。只不過，他們的社交取向是，喜歡人氣，可以從人際交流上得動力。他們社交上不害怕陌生，作為朋友，容易帶給別人歡樂；而且很主動，自然「朋友」多。

不過，有時他們的關係會像穿花蝴蝶不深入，而且排滿密密的活動，容易社交疲勞（social fatigue or burnout）。而喜歡社交不代表懂得社交。他們相對較喜歡說話多於聆聽，有時可能易講錯話。所以他們都會慨歎空虛，會苦惱：自己沒知心友，身邊只是一班吃喝玩樂的朋友，沒太多養分。誰是我的最好朋友？

外向特點	內向特點
將能量導向外界	將能量導向自身
主動、直接	被動、被引導
熱情、樂於分享	保留、選擇性分享
享受羣體活動、社交	喜歡小圈圈、熟悉的環境
坦率表達自己想法	內心世界較為複雜

行為容易被解讀或理解	不易理解、較神秘
可能較衝動	行動較謹慎
團隊精神強	不喜被打擾

各有所長

你會想，這究竟是一個朋友貴精，還是貴多的問題。事實上，外向內向都各有「朋友客路」，沒有誰比誰優勝。

問題在於：「自我認識」，找出自己的優點，加以發揮，找出自己的缺點，嘗試改善。做個不要過分外向的人，也不要做個過分內向的人，找出一個自己最舒服的位置。

例如：

內向的人

- 可以間中嘗試熱熱鬧鬧一班人去玩，毋須介懷是否有「價值」，消磨時間都是一種價值；
- 不要全部時間都要 me time；
- 可以認識一些新朋友或連繫不算很熟的舊朋友，每次聚會不一定要很深入，關係需要由淺入深。

外向的人

- 嘗試一對一的聚會，傾心事都是一個好的消閑活動；
- 有時要給自己一些 me time；
- 有些朋友要計劃好定時見面，不要讓自己的時間表密密麻麻，沒時間給要好的朋友。

人大了，會轉性

外向內向不是一成不變的。

我本來是個外向的人。最近，我被邀請出席一個社交活動，當中大部分人對我來說都陌生。我不怕陌生人，只是感到沒有興趣。不過因為聚會很重要，所以我詢問了三個朋友的意見。他們都是很內向的人。怎料，他們異口同聲地建議我出席，因為可以建立多一點人脈。我很驚訝，這竟是出於內向人的口。

我反思，當人長大了，因為人生經驗和成熟度，外向的我開始減弱外向，而內向的人可能會強化了外向的部分。

外向和內向成為朋友

有時候，外向和內向的人會成為很好的友誼配對。

美國發展心理學家 Paul Nelson 及團隊選出 66 對相同性別及

年齡的朋友配對和訪問，研究外向和內向者的朋友模式，最後發現性格不同的朋友可以互補共存。

- 內向者相對會勸戒朋友，外向者多欣賞對方；
- 內向者負責維繫，外向者負責推動；
- 內向者多聆聽，外向者多提出話題；
- 內向者愛講心事，外向者傾向喜歡講其他社交圈子的話題；
- 內向者會愛選擇 cosy 的約會點，和記得難忘的經驗，外向者帶動新意。

以上分析雖然未必概括全部事實，但給我們一種啟發。無論是內向和外向，原來朋友間是可以互相遷就和適應的（accommodation），所謂對人講人話，對鬼講鬼話。此外朋友間可以互相影響，甚至互補（complementary），在性格大不同之中彼此帶動、學習，取長補短，彼此豐富。這就是友誼的美麗之處。

思考

測試：你是外向定內向？

1. 在公共場合能大方自然地與人交談嗎？
   - 是（1 分）
   - 否（5 分）
   - 不確定（3 分）
2. 你的朋友不多，但能被你當作朋友的都是你非常信任的人。
   - 是（5 分）
   - 否（1 分）
   - 不確定（3 分）
3. 在與人交流時，你特別喜歡向別人灌輸自己的觀點。
   - 是（1 分）
   - 否（5 分）
   - 不確定（3 分）
4. 你不喜歡向別人傾訴自己的煩惱，哪怕是遇到特別讓你不開心的事情。
   - 是（5 分）
   - 否（1 分）
   - 不確定（3 分）

5. 你恐懼孤獨感，喜歡和朋友談笑風生，喜歡身邊充斥着熱鬧氛圍，這能讓你滿足。
   - 是（1 分）
   - 否（5 分）
   - 不確定（3 分）

6. 當看到一些人在背着你議論事情時，心裏會不舒服，總覺得是在說自己。
   - 是（5 分）
   - 否（1 分）
   - 有時如此（3 分）

7. 你總是盲目自信，為自己的失敗找藉口，不檢討自我原因。
   - 是（1 分）
   - 否（5 分）
   - 有時如此（3 分）

8. 你是個很注重面子的人，對穿着打扮格外注意，總是大方得體，家裏也收拾得很乾淨。
   - 是（5 分）
   - 否（1 分）
   - 不確定（3 分）

9. 你做事三分鐘熱度，一開始興致勃勃，但遇到困難會退縮。
   - 是（5 分）
   - 否（1 分）
   - 不確定（3 分）

10. 你有選擇障礙，如買東西經常糾結許久。
    - 是（5 分）
    - 否（1 分）
    - 不確定（3 分）
11. 你是個意志堅定的人，不會輕易改變自己想法。
    - 是（1 分）
    - 否（5 分）
    - 不確定（3 分）
12. 你的思想消極，如果事情不順利會抱怨社會不公平或自己出身不好。
    - 是（5 分）
    - 否（1 分）
    - 不確定（3 分）

將選項後數字相加就是總分！

47 至 60 分：內向型

內向型人格，也許話少、較被動，甚至有點孤僻，好像很難親近？其實這是一種自身選擇，不一定代表害羞或不懂得表達。屬於需要在大腦中多方環環相扣地思考，才會做出行動或決定，並且偏好小型社交圈，心思較為細膩。

23 至 46 分：兩向型（中向人）

兩向型也稱中向人，顧名思義，不像外向內向有個明確的特質，但這不代表是壞事，也就是說比較起來可能擁有兩者的優點，較能圓融地在羣體生活中交流，也能獨立與自己相處。

12 至 22 分：外向型

外向型人格，將想法或行為傳向周遭他人，比較直觀、熱情、愛分享或參與等，也可說是主動尋找外在訊息、體驗和交流。還有說法是外向型人藉由與他人互動來獲取能量呢！

資料來源：

穎喬拉拉（2021）:〈外向型和內向型誰比較特別？你做過超熱門的人格特質測驗了嗎 !?〉。擷取自：https://www.enjoylala.com/personality/

焦慮，所以無朋友

英國社會學家 Ray Pahl 在 *On Friendship* 一書中曾訪問了 1,000 人，三分之一人感覺生活中最大的焦慮來源，是朋友。社交的確會為人帶來焦慮。

但是，又有很多人會對「社交焦慮」產生誤解，以為是指不擅交際，或不懂溝通的人，直接説成社交焦慮。這太籠統了。

社交焦慮不是……

有些人不想接觸他人，或者想在人際關係上休息一下，會推説患上「社交焦慮症」或「社恐」，便大可不用發言或拒絕出席。這又太假。

表面上，患上社交焦慮症的人，在社交場合往往不發一言，避免招來注意；面對別人時，也容易面紅耳熱和顫抖。他們漸漸逃避這些場合，但這與性格孤僻不同，他們本身其實不喜歡這樣，也知道自己是過度恐懼，但苦於無法自控，結果只能以逃避來解決。

社交焦慮是一種「矛盾狀態」

社交焦慮不是指完全「生人勿近」。反而，「患上」社交焦慮的人在社交上其實是 all-in 或者 all-out，即是全情投入，或者瞬間抽離。

All-in 者，他們往往對關係帶着不設實際的憧憬，對別人抱着過高的期望，也希望藉着自己盡情的對人好，別人會立即對他好。可是，他們通常錯估現狀，或者迫得別人透不過氣，以致別人無法達成他的期望，甚至疏遠和迴避。這樣，他們會非常失望和憤怒。

久而久之，他們會變得疑心重重：

- 對方對我的態度，跟別人不同？
- 對方有否待我如真朋友？
- 對方是否利用我？
- 對方是否討厭我？

因此他們開始會自我懷疑，便形成一種先發制人的自衛機制，最後抽離得無影無蹤，甚至關掉所有聯絡，弄巧成拙，變成 all-out，一旦感覺別人不喜歡自己，立即「撤離」，斷絕關係。另一極端情況，就是二話不說去遷就別人，模仿別人，卻失去自己。

他們會千方百計去尋找關係的答案，就是「究竟你重視我嗎？」有時會是情緒勒索，有時會試人底線，有時千依百順……

內心製造小劇場

很多時候，煩惱太多只因想太多，就是內心製造出很多「小劇場」。

當人碰到困難，就覺得世界跟你過不去；遇到挫折，便覺得人生變灰暗，在心頭上演許多小劇場。小劇場的意思是：猜度別人動機和心思、想像和預演了事情的發展和經過、猜想別人會可能對你這樣那樣不好，甚或幻想出一個最壞的結果等。結果將所有的喜怒哀樂、悲歡離合全都徹徹底底演過一回，等到劇終時，便覺筋疲力盡。

例如：

恆仔一向自信心低。一次跟朋友玩桌遊（board game）時，朋友阿豐談到自己初結交女友，輕鬆地問恆仔何時會帶個女友出來。當然恆仔並沒有女友，反而覺得阿豐在刻意取笑他，心中強忍着怒火。之後恆仔這一回桌遊輸給阿豐，立即幻想阿豐一定很心涼，甚至又取笑他，於是大力將桌遊牌翻亂。阿豐大聲說：「你發生什麼事？」恆仔再次幻想阿豐一定覺得自己野蠻，心想：「你覺得我野蠻，我就是野蠻吧！」於是拂袖離去。從此以後，恆仔想像阿豐一直看他不起，決定放棄這個朋友。

從以上看，你見到恆仔一直在自編、自導、自演這個「看不起他」的故事。以上「伎倆」只會導致關係更緊張和複雜，最後自己又再次跌進深深的自我懷疑，及活在無限輪迴的痛苦煎熬中。

其實，恆仔內心只想知道：「究竟你重視我嗎？」

你不判斷人，人就不判斷你

很多時候，在小劇場當中，自己會覺得別人在判斷（judge）你。從恆仔的事件發現，若恆仔沒有先判斷阿豐，覺得他取笑自己，反而大大方方說自己未有女友，整件事根本不會發生，恆仔也不用辛苦。

我們覺得別人判斷自己，其實只不過是我們判斷別人會判斷自己（we judge other people that they will judge us）。心理學家 Carl Jung 說：「反省是困難的，所以選擇判斷。」（thinking is difficult, that's why most people judge.）以下有兩個反省提議：

減少假設

判斷，也可以說成「假設」。嘗試在衝突時，慢一點去反應，提自己不要太快假設別人什麼什麼，可以即時要求證，就去問；如果不方便即時求證，就等待一下，路遙知馬力，日久見人心，慢慢會看清別人。

立體看人

即使別人得罪你，或令你感到難堪，也不要太快一面倒定論

「他不好」（回想第 1 章的「客體關係理論」了！），嘗試立體地看這個人。一個人會一時有不好的一面，但一定也有過對你好的時候。這就是立體。

這樣，會減少一些小劇場出現。

社交焦慮的醫學定義

有些人提到社交焦慮，會誤以為等同社交恐懼症或社交焦慮症（social phobia / anxiety disorder）。請留意，這裏有個 disorder 的詞，意思是這方面的心理問題已到達了「病症」的地步。但真的要符合「病症」的地步並不容易。所以請勿太快標籤自己或別人。

要在醫學上決定一個人是否患上此病症，我們通常引用《精神疾病診斷和統計手冊》（*DSM-5*）有關社交恐懼症的標準：

- 對特定社交場合表現出持續性的恐懼或焦慮；
- 擔心自己的行為舉止受到批判、羞辱或令氣氛尷尬，而表現焦慮；
- 逃避會讓你焦慮的社交場合，或不情願地忍受恐懼和焦慮感；
- 過度恐懼和焦慮，與實際狀況不相符或不合理；
- 社交場合恐懼和焦慮持續六個月或以上；

- 引起個人痛苦和功能性障礙，如人際關係、職業、學業功能損害；
- 無法透過其他醫療狀況、精神疾病、藥物反應或藥物濫用來做出更好的解釋。

如果你有懷疑，最好都是找醫生或心理學家等專業人士詢問。

思考

- 寫出一些你曾經想過的小劇場，之後嘗試利用「求證」或「推翻」的方式去消滅它們。

檢測你的社交恐懼指數

1. 我很怕在大家面前看起來很笨拙。
   - 從來沒有（0 分）
   - 偶爾幾次（1 分）
   - 經常覺得（2 分）
   - 總是覺得（3 分）
2. 我會害怕丟臉所以少去做讓自己出糗的事。
   - 從來沒有（0 分）
   - 偶爾幾次（1 分）
   - 經常覺得（2 分）
   - 總是覺得（3 分）

3. 比起別人，你更相信自己。
 - 從來沒有（0 分）
 - 偶爾幾次（1 分）
 - 經常覺得（2 分）
 - 總是覺得（3 分）

4. 不敢和別人對視講話，害怕自己被看透內心想法。
 - 從來沒有（0 分）
 - 偶爾幾次（1 分）
 - 經常覺得（2 分）
 - 總是覺得（3 分）

5. 不太會主動聯繫朋友來維繫友誼。
 - 從來沒有（0 分）
 - 偶爾幾次（1 分）
 - 經常覺得（2 分）
 - 總是覺得（3 分）

6. 在社交場合上，讓你感到臉紅、顫抖、出汗。
 - 從來沒有（0 分）
 - 偶爾幾次（1 分）
 - 經常覺得（2 分）
 - 總是覺得（3 分）

7. 如果有機會的話，我想去這類型的地方旅遊——
 - 繁華城市（0 分）
 - 碧藍海岸（1 分）
 - 偏遠郊區（2 分）
 - 田園鄉村（3 分）

8. 聚會快到尾聲時，你會？
- 玩到不亦樂乎，和朋友相約去下一場（0 分）
- 看朋友們意願留下（1 分）
- 玩到最後一刻再走（2 分）
- 想趕快回家，提前先走（3 分）

9. 難得的週末假期，有人約你出去玩，你會？
- 當然好，一口答應（0 分）
- 猶豫不決，考慮要不要去（1 分）
- 有點不想去（2 分）
- 直接拒絕對方（3 分）

10. 如果在路上遇見好朋友，你會？
- 和他熱情打招呼，寒暄幾句（0 分）
- 點頭打招呼後，各自走開（1 分）
- 裝作沒看見，或故意走進商店裏（2 分）
- 如果對方沒打招呼，就完全沒發現（3 分）

測驗結果

0 至 7 分 ⇨ 社交恐懼指數 0%

恭喜你！社交對你來説完全不是問題，你很喜歡交朋友，也可以輕鬆維持友好關係，就算遇到個性不合的人，也不會因此避免社交，因為你可以從容地應對這些事。

8 至 15 分 ⇨ 社交恐懼指數 30%

你離社交恐懼症還有一段距離，你有一定的社交能力，但有時候可能懶得社交，比起交際你更喜歡做自己喜歡的事，也覺得對待朋友是互相的，怎麼被對待，我就怎麼對待你，自然而然你就將朋友們各自分類了！

16 至 22 分 ➪ 社交恐懼指數 65%

對於社交你不太擅長，在陌生的環境裏，讓你去認識新朋友，你會感到恐懼，熟悉的環境比較放得開。出席社交場合，必須找一個朋友陪着你才會比較安心，有一點社交恐懼的傾向。

23 至 30 分 ➪ 社交恐懼指數 100%

你總是覺得社交是一件很可怕的事，時常習慣性迴避這種場合，可能之前有受過挫折或是被傷害過，讓你不再主動出擊。社交恐懼的傾向非常嚴重，請適當處理壓力，並尋求專業協助，讓自己的負面情緒得到舒緩吧！

測驗完後，是不是發現自己的問題了呢？有些人天生善於社交，但有些人並不是，醫學證實社交恐懼症太嚴重的話，會影響情緒甚至是生活，所以疑似有社交恐懼症的話，要趕快尋求專業治療的幫忙。

資料來源：

波波黛莉（2023）:〈10 題測驗你是否有「社交恐懼症」！你以為的內向害羞，其實不是個性導致？〉。擷取自：https://www.popdaily.com.tw/life/717434

焦慮時，內心究竟發生什麼事

上文談到的小劇場，我們可以再深入一點去了解。原來所謂的小劇場都是我們的「情緒」在作怪。

情緒和感覺往往主宰我們的行為和人際關係。交朋友當然講「感覺」，有否想過，你常常猜想別人如何看你，可能只是你一廂情願地為別人「製造」出的一種印象，以為朋友「就是這樣看我」。這種主觀的感覺，全因欠缺一份對人的「安全感」。

缺乏回應，所以沒安全感

很多時候，我們怕失去關係或者被拒絕，就特別沒安全感。漸漸地，我們會對別人產生一種印象或假設：「他就是如此看我，如此看我們的關係！」

有一個理論，正正解釋這種現象，叫做「依附理論」（attachment theory）。依附的意思不是純粹講「依賴」，而是人需要跟別人扣上（attach）關係，連結在一起。

「依附理論」由心理學家 John Bowlby 提出。他發現初生嬰兒跟母親（或主要照顧者）有着一份深厚和獨特的連結（bonding）。正面地，這連結可以給嬰孩安全感（secure base），從而向外界探索，一步一步邁向成長、獨立和自主。

不過現實上，嬰兒有時會遇上與母親的短暫分離（或照顧者未能完全明白和滿足需要），而引起分離性焦慮，再引發其他情緒如：憤怒、失望、依附或抽離等。而不同的母親會選擇不同的回應方式，這會導引嬰兒到不同的成長向度。

我整合了這個理論，以一個簡單的概念去理解，可以概括成三個 R 字：

Responsive（回應）

嬰孩的安全感受母親的回應程度和適切性影響，例如你知道我的需要嗎？願意給我嗎？當你未能滿足而令我不愉快，你可以正面地回應我嗎？

Reactive（反應）

這是嬰孩面對母親「一時失職」或離開時的反應，是否能安心等待？煩躁不安？冷漠抽離？

Repairment（修補）

當母親回來時，嬰孩可以快一點恢復正常關係，還是久久不能平靜？嬰孩會確認母親沒有忽略他，還是感到母親不重視他？

成長經驗轉化成關係「人設」

那麼幼年時的經歷跟日後的人際關係有什麼關係？

孩童長時間在一個安全或不安全的環境中長大，漸漸會形成一種對自己和對別人的獨特概念。這概念叫「內部工作模型」（internal working model），好像為對方定了一個「人設」，例如很快就下結論：「你應該是這樣的人！」或「你不會接納我！」而且，他們會根據這些「設定」去發展人際關係。

「依附理論」包括三種依附型態，第一種是安全型，其餘兩種是不安全型。以下是他們如何看關係，並深入的內心世界。

依附型態	人際交往時的內心世界
安全型 （secure）	我可以容許自己一時在人際關係上的脆弱和受傷。 我有勇氣去面對衝突，肯去跟對方溝通清楚。
焦慮矛盾型 （anxious-ambivalent）	我想有很好的朋友。但是我擔心他們是否真的接納和喜歡我。
迴避型 （avoidance）	我覺自己一個已可以。我想要很多個人空間。我害怕太多的關係承諾。 其實，我內心害怕受傷。

為關係「設定」，令關係走上惡性循環

每個人都會對別人有一定程度的「先入為主」，幫助我們去判斷如何交際。不過，不安全型的人會相對僵化地、主觀地根據自己的「人設」去與人相處，就可能會產生盲點、誤解、過分武斷，沒求證，以致不客觀，最終影響關係破損，之後更自圓其說：「我沒估計錯！他就是這樣的人！」關係掉入惡性循環之中，愈陷愈深。可以說，他們在重複昔日幼年的模式。

以下是三種型態及其人設：

依附型態	看自己	看別人（人設）
安全型（secure）	大部分時間都覺得自己有價值、被重視、被愛和得到關心。	可以不妨相信別人，關係中可以嘗試冒險；相信別人有好也有不好的地方，是正常的。
焦慮矛盾型（anxious-ambivalent）	容易覺得自己沒價值、不被重視、不被愛和關心。	別人最終可能會放棄我的，不會真正重視我、尊重我。

迴避型 (avoidance)	容易害怕遭別人遺棄，不如選擇自己先保持距離，欺騙自己:「我不需要關係都可以」。 覺得自己缺乏社交能力。	很多人都只顧自己，甚至自私，不會付出真感情，甚至可能出賣我；友誼只是一種功能或消閑而已，不用投入太多感情。

接納的預言

加拿大University of Victoria的心理學家Danu Anthony Stinson曾作一個研究，了解一個人自我接納與否，跟人際表現有沒有關係。這研究叫「接納的預言」(the acceptance prophecy)。她組織參加者成為不同的焦點小組(focus group)，之後請他們預先感覺別人會否喜歡自己，接着請他們錄製一段自我介紹的短片。其他人看完短片後，就評價自己對這個人的好感度。

有兩項結果發現：

- 預先覺得自己受歡迎的人，果然得出比較高的評分；
- 相反，預先覺得自己不太受歡迎的，會得出比較低的評分。

這說明一個重要信息：你的「接納設定」正正影響你的人際表現，所以要相信自己是可以被人接納和喜歡，才會有更好的人際互動。老是想着自己不被接納，自己嚇自己，情況豈不是等於「接納謊言」？

我們想獲取友誼，可是愈害怕失去，就愈感到驚慌，愈覺自己不被接納。反而，先學習接納自己，會漸漸安心地與人交往，建立友誼。

思考

記得上文的三個 R 嗎？試試應用在你感到焦慮的關係上。

Responsive（回應）

不要太快假設，下定論，覺得別人不接納你；讓自己更客觀去看自己和別人，如不肯定就尋求溝通和了解。

Reactive（反應）

不要太快反應，如放棄、鬧情緒，慢下來，想清楚。如難以平復，可以重複第一點，令自己鎮定，才可以作出適當而不傷和氣的反應。

Repairment（修補）

相信關係可以修補，也有勇氣去修補，別人對你的看法是可以改變的，只要你肯行出第一步，只要肯改變。

5

失 友症

“我的朋友哪兒去了？”

朋友買少見少

上一章談到害怕沒法結交朋友，這一章會討論不同的朋友「告別」和面對的方法。其中一種無朋友的狀況，就是即使有朋友，也會害怕失去，患上近年一個熱門病症：「失友症」。

友誼因為種種原因可能會枯萎、衰落和結束。這些原因可能是遇上阻礙、爭執或誤會、彼此的共同羣體或興趣消失等。近年因着社會事件、疫情和移民潮等因素，我們的確失去很多朋友。例如香港青年協會於 2021 年疫情期間，以抽樣形式進行網上問卷，成功訪問 2,790 名 12 至 24 歲青年。結果發現，有 47.7%「感到孤獨」，58.8% 甚至「覺得沒有人真正明白自己」。當中發現有 69.7% 已經出現精神困擾，其中 20.8% 正承受極大的精神及情緒困擾。

播客（Podcast）"American life" 做過一個調查，了解美國人在 1990 和 2021 年十年間的好友數字變化。由沒朋友至 10 個以上的朋友，其中幾個比較大變化的選項結果是這樣的：

	1990	2021
沒好友	3%	12%
一個好友	4%	7%
五個好友	16%	13%
十個或以上好友	33%	13%

可見，美國人擁有好友的數量買少見少，而且變得很淡薄。如果香港做同一個調查，又會否得出類似的數字？你又是哪一種狀況？

沒時間，沒機會相處

美國曾有調查發現由 1994 至 2014 年間，美國人（不論年紀）每日花在朋友身上的時間，由 104.1 分鐘減至 84.3 分鐘。時至今日，我更可能相信人花在朋友身上的時間更少，且大部分都並非面對面。

友誼是要投資的，也要投資得宜。很多時候，我們會花上很多時間在不重要的吃喝玩樂朋友身上。不是說玩樂不重要，但你知道，當你一旦想傾訴心事時，不會選上他們。

相處愈多，愈覺快樂

現在的人際關係好像「看了」當作「相處了」。你在facebook或IG上有數千百個朋友，會花大量時間去滑手機或點評，自我感覺已經「交際」了。不錯，這是一種交流，只是質素又如何？我們就這樣把時間灌注這種「淺薄關係」上。

《英國心理學期刊》曾經發佈了一項關於人類學的研究，發現人與摯友的相處愈多，會覺得愈快樂。反而多表面的交際、多應酬，生活滿意度卻愈低。

但為什麼很多人會本末倒置呢？

1. 方便就手。有些圍繞在你身邊的人，例如現時的同事或同學、左鄰右里等，隨手可約。
2. 很多人會選擇所謂「階段性社交策略」，就是在學時跟同學玩，大學時跟大學的同學玩，工作時跟同事玩，反而冷落了昔日的好友。
3. 普遍來說，人覺得識人好過識字，識得人愈多愈好，所以多去參加集體活動，認識人。最後一些真正的摯友就擱在一旁，一年只見一兩次。

不要找藉口

人往往取易捨難，給自己很多理由，如「我最近很忙」、「約了，都不知有什麼可做」、「對方或許很忙吧！」、「對方會想見我嗎？」其實這些都是藉口。你的真朋友會留在心中的。陳奕迅的《人來人往》淡淡地說出「閉起雙眼你最掛念誰 / 眼睛張開身邊竟是誰」的感覺。

之前我分享過，我每年都會做年結和展望。在展望部分，我會記下自己有哪些好友，跟自己說一定得在下一年去聯繫他們，發展更深的友誼。

「見得一次得一次」是近年最流行的金句。幾乎每次見朋友，都會說一次。因為時局變，世界變，今天的朋友，他朝已不一樣。當中就是說，要珍惜友誼。直接對朋友說：想見你。

思考

- 請計算每個月你花多少時間在三個最要好朋友身上。
- 檢討你會否一年都沒找過的朋友呢？寫出名單。

重色輕友

很多人經歷過，當朋友一旦有了愛情，就沒有友情。他們可能突然消失，什麼訊息或活動都不應機；即使相聚，可能三句不離就是他的另一半；可能每次出現都是「連體嬰」，迫你做電燈膽；可能每次見面都要趕回家、趕報到；可能只有分手、吵架才會找你……真是令人沮喪。

一個戀人＝兩個朋友

Oxford University 的 Robin Dunbar 於 2010 年在 Aston University 的英國科學節（British Science Festival）曾發表相關觀點，指重色輕友是人之常情，而且這也是人類腦袋的自然反應，他們通過調查得出結果，一段關係只要有新戀人介入，這個人就會損失兩名密友。

研究人員訪問了 540 名 18 至 60 歲的男女，要他們比較戀愛前與戀愛後的社交狀況。研究人員發現，一般人只有 4 至 6 個、每星期至少見一次的死黨，這些人是與受訪者「有難同當」的核心朋友；第二層卻是較好的 12 至 15 名朋友，大家每月至少相聚一次，屬於「如果他們明天就死掉的話，你會為他們傷心」的那類朋友。然而研究發現，一旦談戀愛後，人就會將時間花在伴侶身上，未能兼顧其他關係，因而會犧牲兩段友誼。即是，得一個

（情人），願意放棄兩個（朋友）。而且，男性在投入新戀愛關係時，更大機會會重色輕友。

Dunbar 常常提醒我們的大腦有上限，只容許聯繫 150 人。當情人出現，一個人的腦袋就更忙碌，令社交容量大減。

另外，人類從戀愛當中所得的催情素，所謂戀愛荷爾蒙（oxytocin），一定比友誼多很多，大大吸引人的注意力，令人彷彿上癮一樣。

友誼不輕易消失

嘗試用一個比喻說明：人際關係好像電腦主機上有五個 USB 接口，幫助我們與外界的交流。這五個接口一直處於佔用的狀態。然而，當要加上新的設備（例如戀愛）時，人就得把心一橫地把某個「核心成員」暫時放棄，才能騰出空位來接納新的親密關係。

而戀情好比特別耗電的外接組件，要一次佔據兩個接口才能正常運作。要是戀人加入，兩個親密友人就得退位讓賢。

別灰心，每個人都有五個 USB 接口，每個 USB 接口都重要，視乎何時使用。

等待時機

每段戀愛關係都有不同階段，當別人在曖昧和蜜月期時，必然埋頭苦幹地、全心全意地去經營和發展。你先不用太快妒忌和厭世。友誼是人生其中一個重要部分，每個人在戀愛中，也需要朋友的支持和鼓勵。愛情和友情是兩條不同的平行線。這只是時間問題，不是你的價值出問題。

認識朋友的情人

不用太快強迫朋友帶情人出來，也不用刻意迴避見面，只好隨着大家舒服的時候，見面和認識一下，做個朋友。有時你不好意思變成電燈膽，其實這只是你尷尬，或者自卑沒情人，別人根本不在意。

跟朋友分享和計劃

當朋友正展開熱戀時，的確連母親都會忘記。可是，這並不代表你在他心中不重要。他只是一時被戀愛分心。你可以平心靜氣地跟朋友分享被冷落的感受，和你多重視這段關係。同時，也可以主動要求計劃一些見面時間，不用太快說：「算了，以後不見！」這些毫無意義的晦氣話。

發展新的部分

如果朋友消失了，令你生活和生命出現缺口，覺得別人沒選擇你。這正是你感到沒自信，對自己沒想像。不如趁這時機去檢視自己的生活和社交，重新編排和計劃自己的時間和人際關係，可以認識新朋友，深化其他友誼。你是有選擇的。

思考

- 你試過重色輕友嗎？又或你是「受害者」？你要如何扭轉困局？

因誤會而分開

友誼是一種自願性比較高的關係。你絕對有權選擇花多少時間在某位朋友身上。可是，正因為那份承諾性比較低。有時候人容易說絕交就絕交，不見就不再見。這般糟蹋過去長久建立的關係，實在可惜。

友誼為何終結

University of Nicosia 的心理學家 Apostolou 和 Keramari 在 2021 年發表一個研究，了解友誼為何終結，最後找出了 55 個原因。這 55 個原因可以歸納為四方面：

- 自私（例如：別人覺得只有單方面的付出和認真看待）；
- 戀愛關係（例如：有一方開始對另一方有好感，可是另一方沒這感覺）；
- 缺乏互動和相處（例如：大家的興趣轉變了）；
- 對朋友和家庭的觀念不同（例如：雙方對友誼的期望不同）。

研究又指出男女性比較常見終結友誼的主要原因，各有不同：

- 女性：覺得對方自私。
- 男性：缺乏互動和相處，久而久之疏遠了，無疾而終。

主觀人設可以摧毀友誼

中國文壇巨匠張愛玲有個閨蜜，叫炎櫻。她們原是大學同學。性格上，張愛玲沉默寡言，而炎櫻個性活潑熱情。兩人看似兩極，但性格上卻可以互補，讓二人成為閨密。在 1944 年結婚時，張愛玲更邀請炎櫻做證婚人。當時兩人關係親密，連丈夫胡蘭成都吃醋，感覺有「小三」。

上世紀五十年代，上海局勢不穩，張愛玲和炎櫻分別先後到了美國發展，張愛玲當時再婚，但丈夫體弱多病，花盡了所有積蓄在醫療費上；但那邊廂炎櫻卻嫁給了一個有錢的富翁，頓時成為上流人士。

當時張愛玲和炎櫻還有保持書信來往，但直腸直肚的炎櫻不斷在信中提及她的生活有多美滿，卻從不知道這會刺痛生活潦倒的張愛玲。張愛玲於是把炎櫻的行為視為炫富，覺得她沒有顧及自己的感受（人設）。而在炎櫻眼中，她只不過是跟張愛玲分享生活，就跟在大學時候一樣，所以感到張愛玲不重視她（人設）。

其後，張愛玲甚至不再回信。兩人漸漸失去了聯絡，直到張愛玲在 1995 年離世，兩人這輩子的緣分也正式完結。

朋友要維繫，要修補

我們看出張愛玲和炎櫻關係的終結，不全因命運，不全因差異，而是她們沒有透徹地認識對方，也沒完全接納彼此的差異，令本來可以化解的誤會沒機會化解。

所以，關係要維繫。社會學家 Mollenhorst 和 Volker 在 2014 也發表了一個研究，認為朋友需要在一個共同的場景，提供機會去互動，才能保持關係。否則關係可以在幾年間枯萎。這些場景可以是學校、職場、家庭、運動、義工服務、教會或鄰里關係等。

關係要挽回

友誼的結束也可能有一個重要因素：受傷，例如曾經背叛，或者衝突後，沒法修補。友誼中，要有一個修補功能。

首先，不要輕易說放棄。之後：

- 可以保持聯絡，在雙方情緒未穩定前，暫時不要立即討論衝突事件，可以傾談日常趣味；
- 自己安靜下來，思想關係的問題核心，很多時候都往往是一場「誤會」，你未完全明白對方的想法和動機，對方也誤解你的用意；
- 放下誰對誰錯的執著，讓雙方比較冷靜，同時有意願修補時，再接觸（最好面對面）；
- 先讓情緒比較強烈的一方表達，而原則是：不要指責對方，只不過說出自己的受傷感受，尋求明白；

- 而聽的一方也不要腦海中全是反駁的論據，要專心地聽，聽了，表達你聽到了什麼。之後，要問對方可以聽自己的心聲嗎？
- 所謂「心聲」，焦點不是「別人是那麼不好」，而是自己過去的說話或行為的動機和目的，很多時候都是為大家好，大局好，並不存心要傷害對方，其實都是無心之失；
- 無論誰對誰錯，大家都受了傷，所以雙方都嘗試尋求對方原諒，說聲對不起。

有時，我們未必可以立即修補關係，阻止友誼終結。休止符的意思是，暫時終止，等待時間讓誤會冰釋，讓傷口埋好。因此，即使跟朋友不合，也不要終止得很醜陋，很痛苦。不要報復，不要惡言相向，不要向外講壞話，安靜地暫時休息，就好了。

思考

- 回想你如何終結一段友誼，終結方式是否合宜？

資料來源：

Menelaos Apostolou.(2021). Why friendships end: An evolutionary examination. Retrieved from: https://www.researchgate.net/publication/353566520_Why_friendships_end_An_evolutionary_examination

Gerald Mollenhorst, Beate Volker, & Henk Flap.(2014). Changes in personal relationships: How social contexts affect the emergence and discontinuation of relationships. Retrieved from: https://www.researchgate.net/publication/260028362_Changes_in_personal_relationships_How_social_contexts_affect_the_emergence_and_discontinuation_of_relationships

關係人來人往

今天，很多人會對友誼感覺無奈。有些友誼快來快去，一時很熟，一時又沒往來；或者，不是跟朋友發生過爭執，也沒有不和，但關係好像自然死亡；又或者，你當他是寶，他當你是草。

君子之交淡如水？

有人說，友誼好像君子之交淡如水，朋友的感情淡而無味。你待別人是好友，而別人卻視你為普通朋友，泛泛之交。自己一直珍惜這份友情，對方卻沒放你在心上。你感覺自己一廂情願，自作多情。

這些人可能只當你做「方便朋友」(friend of convenience)，特性是：

- 方便一起合作去做一件事；
- 在同一個地方相遇、工作或上課，平時不用多聯絡；
- 每次都是你去發起活動和見面，對方的動機好像不強；
- 在一班人相聚時才見面溝通，平日不會單對單聯繫；
- 對於這段友誼存不存在，不太着緊或珍惜。

我們不能說方便朋友就是壞朋友，事實上每個人都有權選擇自己較要好的朋友，而且友誼的確是一種選擇。那麼，你需要為一段關係定好位。

友誼無常

Northern Illinois University 的輔導學教授 Suzanne Degges-White 嘗試研究新冠疫情對人際關係的影響。她看到在疫情大流行時期人際關係的急劇變遷，給關係一個總結：「不是每段友誼都可以有始有終。」表面上似是一種「花無百日紅」的悲觀，實際上是一種態度。在香港，我們更遇上移民潮，令我們與很多好友分離，無端地「失去」某些朋友。

她提出一個「朋友景觀」(friendscape) 的概念。地理學上，地形會有景觀 (landscape)，就是一個地區會因不同地貌、時間、人類文化而構成不同的景觀和特殊生態，千變萬化。Suzanne Degges-White 認為在人際關係上，友誼也因着環境、時間、性格和際遇，令友情複雜和多變。

試想像，友誼也會有春夏秋冬，陰晴圓缺。人生改變，友誼關係也隨着改變。人因應自己的階段、年紀和需要，對朋友的要求會有轉變。這幾年因為社會、疫情和移民潮種種因素，令人際關係大洗牌和大變遷。這樣，朋友景觀便會改變。

或許在友誼上，我們要學曉調校期望和重新規劃。

調校友誼期望

我們都會對所有關係存着期望，同時須要管理期望。可是，難以調校期望的原因是什麼？

投資失利

有些人不願放手，總要堅持，但卻失望而回。他們的想法是，因為我（在友誼上）付出了，一定要有相應的收穫。世事並非如此，你在友情上的付出和投資，未必會在這個人身上即時見效，或許投資失誤，或許你上了一課，在其他關係上更「獲利」。

自尊心

你當他是寶，他當你是草。這是一份自尊心的問題。這感覺像尊嚴和面子被踐踏。更進一步，用前文提過的「客體關係」和「依附理論」等理論去解釋，人對友誼的期望有時會是成長中的渴求的部分投射。當期望有落差，會引起內心更大的渴想、苦纏掙扎，或是極大的失落。

更有人想藉結識「優秀」的朋友去獲取自尊感，一旦失敗，就感自尊掃地。

操之過急

另一方面，有些人會求友過急，很快對別人抱有很多期望，你對人好，立即想別人回應你對你一樣好。要知道每個人的速度不同，有些人總是慢熱一點，故此要學習有耐性。所以，放手(let go)，不純是放棄罷了，而是重回自我檢視的狀態，了解自己的自我價值。

友誼重新規劃

針對不同的失友情況，除了放手，我們也可以積極行動。所以，要重新檢視和整理自己的朋友圈，為友誼重新規劃。

- 究竟現在身邊有什麼朋友、什麼類型的朋友、有誰可發展、有誰要珍惜、有誰要再聯繫、有誰要放手；
- 如果你對有些人仍有感覺，放不下，也可以嘗試再聯絡；
- 不要太快假定沒回應、少聯絡的朋友（如已移民）對你已不再關心，他們或許有自己的生活難處，一言難盡；
- 分析哪些是不用保留的朋友，如自私、純粹利用你、當你是back-up plan。

友誼再開拓

規劃時，也要重建新圈子，開拓可以圍爐取暖的圈子，不過要學習管理期望：

- 先不用太快介意別人跟你的觀點不盡相同，有時同中有異，異中有同，漸漸發現共通點；

- 即使對方未能儘快給你「非常良好感覺」，都可以靜默同在，彼此享受同在、分享；
- 記得關係是日積月累、細水長流。

中國人有個說法，就是緣分。我會覺得友誼不只是緣分，是一種藝術，一種修煉。在擁有和失去之間游走，在捉緊和放手之間平衡。無論如何，人走不一定茶涼。朋友在與不在，也可以在心中珍惜和懷緬那嚐過的味道。他們都是構成你歷史和生命的一部分。

下個部分會再詳細談如何開拓新友誼。

思考

- 盤點失去的友誼，你從當中學到什麼？

6

關係　受了傷

“身邊總是好多衰朋友！
無朋友有什麼不好？”

衰朋友可能是假想出來的

一旦被朋友傷害，人便秒間動怒，想反擊，想爭辯。可是，這種反應（reaction）往往是衝動，壞了關係。

當你遇上朋友的不友善對待，要學習轉換你的思考，首先問問自己內心的感受和感覺，試形容那份受傷的感覺，例如用以下方式問自己：

- 是否覺得朋友完全不顧你的感受？
- 是否覺得你被朋友的責備、批評或惡意的玩笑打擊？
- 是否覺得朋友經常有意無意間，貶低或任意批評你的個人、想法或所做的事？
- 是否覺得朋友經常挑剔你的錯誤、瘡疤或缺點？
- 是否覺得朋友對你的問題或疑慮缺乏關注或同情心？
- 是否覺得朋友刻意令你跟其他朋友或家人疏遠？
- 是否覺得朋友純粹在利用你？

之後，再進一步問問自己，可以如何形容這種感覺呢？究竟對我構成怎樣的傷害。以下是一些參考用字：

- 不被尊重

- 不被欣賞
- 不被憐惜
- 不被照顧
- 不被公平看待
- 不被體諒

以上種種都反映關係上的不同傷害。你已經開始了撫摸你的心靈，心靈受創的源頭往往是愛心和自尊被踐踏。而這些傷害又可能跟生命中過去的傷痕交雜在一起，變得更痛。例如你曾經被朋友或家人背叛或攻擊，或者無緣無故地「被絕交」，這些傷害又被掀起。

檢視內在安全感

友誼極可能是一種「冒險」，因為容易受傷害。不過，如果從此迴避交友，變成社交焦慮，就似乎是斬腳趾避沙蟲。不如作一點自我檢視，先想想，你自己是否一個沒安全感的人：

- 即容易心靈受傷的人？
- 過分敏感和懷着玻璃心？
- 你對自己的個人外在和內在是否一直缺乏信心，誠惶誠恐？

要培養自我意識（self-awareness）。你不喜歡或害怕他人，可能有兩種原因：

1. 你對他人的害怕或不滿可以是一種「投射」和「放大」，內心其實是對另一些人（如家人）的不滿。例如你討厭父親自大，會令你討厭一些自大的人。
2. 你對他人的害怕或不滿，只因為他人身上出現你自己也有，但不能接受的特質；或者你妒忌對方有，而你沒有的特質。例如你不但討厭自己口才不好，也會看不起不擅辭令的人；你想擁有某方面的專長，別人竟然比你做得更好，你會妒忌起來。什麼是敵人？可能是自己不喜歡自己的部分，或妒忌別人有，自己沒有。

好人還是壞人？

第 1 章提過的「客體關係理論」提醒我們，從前的成長經歷會影響我們對別人的既定形象和判斷。一旦他「傷害」我或者未能滿足我的期望，內心便會形塑成一個僵化的「人設」，究竟他是好的，還是壞的；對我好，還是對我差？

正如前面所說，很多時候，內心感到面前這個朋友「傷害」自己的地方，正是內心昔日積存的傷痕，久未處理，自己就是在舊傷口上灑鹽而已。原來，所謂敵人有時是不客觀的感覺。他們都是你的「假想敵」。

朋友，可以是家庭以外的避風港（extra-familial safe haven），也可能是由個人或家人延伸出去的一種投射。要立刻終止這種情況：

第一，不要太快去反擊或迴避友誼關係，反而先培養自我意識，之後儘量尋找真誠對話的機會，了解真相，免生誤會。

第二，你討厭別人，其實是討厭自己，或者討厭自己沒有什麼什麼。你真正的敵人，其實是自己。所以，跟別人做朋友，可能要先跟自己做朋友，be friendly to yourself！

思考

寫出三個你討厭或者傷害過你的朋友，之後思想：

	你最討厭他的性格部分	跟你性格相似還是完全相反？你想擁有還是抗拒這特質？	跟你討厭你的父親或母親的性格有部分相似嗎？
朋友 1			
朋友 2			
朋友 3			

Frenemy

很多人都經歷不愉快，而大部分的不愉快都跟來自關係，甚至大部分都跟朋友有關。

人除了害怕沒法結交朋友，又害怕失去朋友，同時也可能怕交錯朋友，在友誼中受傷。

Colby-Sawyer College 的 Maurissa Abecassis 教授指出，75% 的人在青年期都有過「敵人」。而另一位加拿大的研究人員，訪問了一羣大學生，問他們生命中最不快樂的事，9% 回答是與父母有關，而 37% 卻是和朋友或同輩的傷害有關。

懷恨玻璃心

有時候，原先的朋友變成敵人，叫「化友為敵」(frenemy)。這個由 friend+enemy 的合成字，代表友情之間的複雜性。有時候，一秒是朋友，一秒卻是敵人。「化友為敵」的第一個主要因素是：懷恨。你對我不好，我也對你不好。有仇不報非君子。

University of North Carolina 曾進行一個研究，叫一班大學生兩人一組，彼此傳訊息給對方。研究員會要求一半人向同伴傳「鼓勵」的訊息，而另一半人傳「削弱信心」的訊息。之後，他們要修改同伴一份文章（其實文章是由研究員寫的，而且有文字的錯誤)。結果，被削弱信心的學生對文章非常苛刻，找出很多錯處和批評；而被鼓勵的學生卻相對比較寬鬆，對作者表現同理心。

很多時候，我們可能為朋友好，給他意見。不過，如果他有一顆玻璃心，可能會覺得你批評他、誤解他。懷恨，就出現了。同理心勝過一切的意見。

有比較有傷害

「化友為敵」的另一個主要因素是：比較。

正面地說，有比較就有進步，朋友間的比較可能帶來進步。我在中學時期，常常跟同學在課堂上鬥快完成數學功課。大家在放學前已完成所有數學功課，下課就可以去玩。

同時，朋友間充滿競爭，競爭卻帶來傷害。

San Francisco State University 的 David Matsumoto 和 Bob Willingham 進行研究，分析 2004 年雅典奧運柔道選手的表情。金牌得主的笑容是 93%，銅牌是 70%，但銀牌卻沒有笑容。人會拿與自己最近的成績去比較。銀牌是好的，但離金牌只差一小步，所以並不甘心。

Emory University 靈長類學家和動物行為學家 Frans de Waal 曾用僧帽猴做過一個實驗。他訓練猴子用石頭當貨幣，和實驗員交換食物。實驗員攤開手，猴子將一塊石頭放上去，接着實驗員會給猴子一片黃瓜。過程中，所有猴子都很開心。之後，他們把兩隻猴子放在一起，一隻繼續獲得黃瓜，而另一隻卻得到葡萄汁。不料，繼續獲得黃瓜的猴子顯得很生氣，再不肯交換，甚至把黃瓜掉在地上，最後一無所有。

其實這猴子根本沒有損失什麼，只是自己生悶氣。這說明「比較」令人產生負面情緒，一直想着「不公平」。而所謂「不公平」，只是人內心對自身的所有，包括能力、際遇、成就⋯⋯等，感到懷疑或不滿，再將這份積壓的情緒，投射在別人的成功和得益上；可以說是一種妒忌。

Benefit of doubt

「朋友傷了你」這件事可能很複雜，當中存在很多原因。有時是朋友因自尊心而妒忌你；有時是你不小心踏中他內心的地雷，先「炸傷」了他；有時可能是一場誤會；又有時，朋友對你「不好」非存心傷害你，原是為你好，只是你不接受。

這時候就要抱持一份「我不太確定他是否存心這樣對我，姑且相信他一次」的態度，英文叫 benefit of doubt，去面對這個朋友，給對方有解釋、有翻身的機會，同時讓自己不要過敏過激。

我的 frenemy 實錄

我曾經有個職場上的好友，他的職位本來比我低一點。後來他終於升職，與我同級。我心想，那就好了，大家平起平坐，並肩作戰。可是，他的態度突然 180 度轉變，對我針鋒相對，事事批評和反對。我想極都想不出有什麼得罪了他。

我叫自己冷靜，細心地想，可能是他跟我比較。這是我從昔日他的説話和表現中推斷和領悟出來的。我沒有跟他正面對質（關係未到這般熟）。不過，我對自己説，不要當他是「敵人」，不要還擊，默默繼續友善就好了。不久，他辭了職。日後我在街上碰見他，他竟然如昔日一樣對我很熱情。我想，他可能也察覺不到自己的行為。我又何須太介懷呢？遇上所謂「敵人」，先要冷靜。

朋友的關係是平輩（peer），所以「比較」的心態誘惑會很大，也是友誼的一大挑戰。

思考

- 你曾與朋友化友為敵嗎？現在回想中間有什麼原因導致這個局面？

資料來源：

David Matsumoto, & Bob Willingham.(2006). The thrill of victory and the agony of defeat: Spontaneous expressions of medal winners of the 2004 Athens Olympic Games. Retrieved from: https://pubmed.ncbi.nlm.nih.gov/16938038/

真正的友誼經得起考驗

所謂真金不怕洪爐火，真正的友誼經得起考驗。如果雙方的友情穩固，小小誤會和衝突，只要願意面對，願意溝通，朋友都會看在情誼上不計較。

University of Washington Business School 的 Emma Levine 曾作一個叫「利社會欺騙」的研究。她請參加者要在網絡上作一些買賣，而買賣前他們要先取得同伴的建議和認同。做完後，研究員會問他們以下哪方面比較重要：

- 同伴是否給予錯誤指引
- 自己可以拿多少錢

結果發現，他們大都選擇「錢」，對於朋友的「錯失」，其實沒想像中介懷。原來真朋友可以包容過錯。

以上有助我們面對朋友間的衝突，動怒要慢，思考要快，我們不需要立即跟對方絕交。反而，我們要學習如何再溝通。

溝通的顧慮

不錯，一旦發生了衝突，場面會尷尬。面對這些尷尬場面，可以如何溝通？

溝通需要勇氣。勇氣跟衝動有分別。衝動只是沒想清楚就說，或者不理別人感受就說。勇氣，是處理內心的顧慮和掙扎，可以真誠地表達自己的想法和感受。

顧慮 1：表達了，會否令關係改變？

不會！就算這次對話可能一時令關係變得尷尬和緊張，可是要是你不說，只會令關係更差。所以要堅持表達心情和要求，或者說不（say NO）。

顧慮 2：表達了，會否令人覺得我小器？

不會！非說不可，否則別人不會知道你有多難受，不會真正認識你。這不關於小器，是關於你的尊嚴。小器不小器，在於你的表達方式。

溝通前的態度

記得上文提過我們因着內心世界的受傷經歷，而影響我們對人的判斷嗎？

「客體關係」或「依附關係」理論不約而同地說明，人會替別人定「人設」。在衝突之下，那個必然是「差」的人設：他不重視我、他不尊重我、他覺得我很錯……

一味帶着這份主觀人設，是永遠都溝通不到的。所以，要抱持上文介紹的 benefit of doubt 精神，去面對這個朋友。很多時候，對方內心的動機可能並非你所想的，反而都是為你着想，只是表達和行為令你不舒服而已。

溝通的時機

人一般都很心急，説的，想儘快表達；聽的，未聽清楚就下結論。所以，溝通的第一個重要考慮是時機。時機其實指「空間」。人要有空間才可以聆聽，而且聆聽得清楚和明白。因此，表達前要忍耐，要聰明，等待以下時機：

- 我結束手上的要務，有空間時才説；
- 待我心情平復時才説；
- 待對方的要務告一段落才説；
- 待對方心情平復時才説。

溝通的方式

- 永遠都是首先讓對方知道，你明白他的用意或心情，例如我明白「你純粹開玩笑」、「你是無心之失」、「你都感到很不高興」等。
- 之後問對方可否聆聽自己的想法，表達不一定關於誰對誰錯，只是想溝通。「我可以講我的想法嗎？」
- 不要説意氣的話：「我再也不想見你」、「你次次都是這樣」、

「我們絕交吧」。

- 不要指責對方的人格：「你這種人」、「你一世會沒朋友」。
- 對於很私人的事最好是單對單講，但是如果是較難分難解的紛爭，考慮找一個雙方都信任的見證人在旁，以免説完不認數。
- 當對方寫了一大段文字來發洩或罵你，你知道這時怎回覆都不會有好結果，不回覆又不好，那麼可以回：「聽到你了，明白你。」雖未即時解決問題，起碼不讓情緒升溫，令對方知道你在聽。千萬別不要心急去為自己解釋，只會講多錯多，待大家都冷靜下來，才再談。當然，愈敏感的事，愈要面對面談，很多時候，網上留言容易產生誤會。

Sorry 的法則

假若是你得罪了朋友，你要學習認錯道歉。很多人會因為尷尬和尊嚴，以為不談不説，大家自然會淡忘。其實，一聲道歉，是給你朋友的一份尊重和禮貌。

1. 速度：快與及時（當別人未升溫時）；
2. 坦誠：知道自己哪裏錯；
3. 示弱：沒有傷害性；
4. 重點放在受害人身上，不是你的感受；

5. 承諾改變，不再傷害；
6. 贖罪：補償，你也有「損害」或損失。

有句老套說話：不打不相「識」。很多時候，真正的友誼經過衝突，能夠再溝通。溝通目標不是追究，不是指責，不是找責任誰屬，不是自我保護，而是認識自己，認識對方。那麼，**友誼可以因為誤會而帶來更深入的溝通，幫助關係昇華和增加厚度。**

思考

- 能否運用以上法則，與你一位有誤會的朋友重啟溝通？

性格不同，怎相處

酒逢知己千杯少，話不投機半句多。有時不是朋友刻意傷害你，而是大家性格大不同。不同性格的人很難沒磨擦。

另一個角度，就是性格迴異的人走在一起，才能發揮一凹一凸的作用，彼此配搭。

性格大不同

很多人會在 IG 或其他社交平台貼上自己的十六型人格，又叫 MBTI，希望別人第一時間簡單地認識自己。

MBTI（Myers-Briggs Type Indicator）由 Isabel Briggs Myers 和她的母親 Katharine Cook Briggs 所建構，理論基礎來自精神分析師 Carl Jung。它之所以叫十六型人格分析，因為內容主要由四對（共八個）型態所組成，在不同配對下，組成共十六種不同人格。

行為範疇	相對型態	
發揮及獲得內在能量的方向	**外向（extrovert）** 專注於外在的人和事物，傾向將能量向外釋放。	**內向（introvert）** 專注於自己的想法及印象，傾向將能量流向內。
處理及接收資訊的方向	**實感（sensing）** 着眼於當前事物，慣於先使用五感去感受世界。	**直覺（intuition）** 着重可能性及理論，用聯想或幻想去理解世界。
做決定時側重的方向	**理性（thinking）** 用是非對錯及客觀邏輯去分析結果及影響，或者作決定。	**情感（feeling）** 使用價值觀、主觀感受及人際關係去作決定。
生活模式和態度	**判斷（judging）** 傾向井井有條及有組織的生活，而且喜歡安頓一切事物。	**理解（perceiving）** 傾向於自然發生及彈性的生活，對任何意見都抱開放態度。

四種型態的交友模式

認識了以上四大類型態，那麼我們可以深入一點了解不同性格會有什麼交友模式，和可能誤解他人的地方：

外向	內向	彼此誤解：
• 屬行動型，喜歡不同聚會和活動，愈多人氣愈好，不害怕陌生人和環境。 • 遇上困擾，立即想找人傾訴，不介意找很多人。 • 因為太多活動，容易積累疲勞，加上很多約會，有時會分身不暇。	• 喜歡安靜和獨處。活動一輪後，需要大量時間去獨處休息。 • 對陌生人和環境比較慢熱。 • 較寡言，但觀察力和反思力強。 • 只會向人表達內心世界的一部分或精簡部分。	• 外向的人覺得內向人很被動，對朋友很揀擇，會懷疑對方有多重視自己。 • 外向的人會厭煩內向的人說話吞吞吐吐，像擠牙膏，有時甚至出現誤會。 • 內向的人覺得外向人似乎有很多朋友，沒時間給自己，會為自己在對方心目中的地位苦惱。 • 外向的人比較多言，內向的人會多處於聆聽一方，少爭發言權。

實感	直覺	彼此誤解：
• 着眼細節，說話會很詳細，着重前因後果，多枝節；了解事情也需要詳細才明白。 • 做事很實際，實事求是，親力親為。	• 着重大圖畫和大原則，喜歡用理論、框架、學術形式去理解和表達。 • 着眼可能性，有時可能會天馬行空。	• 直覺的人可能厭煩對方太詳細囉嗦，想對方快點完結。 • 實感的人覺得對方說極都不清楚，有時感覺對方在賣弄學識見地。 • 實感的人可能覺得對方不設實際，而直覺的人卻覺得對方太審慎，沒想像空間。
理性	**情感**	彼此誤解：
• 比較理性和愛分析，常常問為什麼，要講道理，用是非對錯判斷事情。 • 喜歡討論事務、道理、政治、學術，和解決問題。	• 着重關係和感情，期望關係上的親密。 • 喜歡傾談感受，關心對方感受。	• 情感的人覺得對方不近人情，本來想對方聆聽明白，怎料對方只給建議或批評。 • 情感的人覺得對方不夠溫暖，不懂說柔和的話。 • 理性的人覺得對方在人事上拖泥帶水，不果斷。 • 內容上有時大家話不投機。

判斷	理解	彼此誤解：
• 約會和活動井井有條，有計劃，有預備。	• 約會和活動較隨意，很多可能性。	• 判斷的人會認為對方常常太即興，多變數，而且經常遲到和冒失，或遲遲不回覆。 • 相反理解的人覺得對方很嚴格，沒彈性，令人有點透不過氣。 • 結果，彼此會懷疑對方是否重視這段關係。

惺惺相「識」

可能你會問，哪種型態可以跟哪種型態成為好友？這不是星座預測。

MBTI 的作用在於認識自己，認識別人。從而，大家可以更相互理解，互相體諒，嘗試用對方較合適、較自然、較舒服的方式去溝通和相處。

例如：

外向、內向

玩樂過後，「外向」容讓「內向」休息；當「內向」未準備好時，不用催促對方袒露內心世界。

直覺、實感

「直覺」可以用多點耐性去聽「實感」分享，如果説話很多枝節，可以溫和地提醒回歸正題。

理性、感性

「理性」小心不要太快下判斷、給意見，有時單單聆聽對「感性」已經很大幫助。

理解、判斷

「理解」應該學習守時，或者早一點通知「判斷」，可以有所計劃。

簡單地説，用對方喜歡的方式去跟對方打交道。這不就是我們一直所説的「同理心」，不就是「愛的言語」嗎？

- 如果身邊有「唔夾」的朋友，試試檢視彼此是否性情上很多不同？

觀點不同，怎溝通

你明白性格不同，還可接受。價值觀呢？朋友間意見不合雖是常態，不過很多人都説，道不同不相為謀，既然價值觀不同，根本沒辦法做朋友。

近年因政見或其他價值觀不同，很多朋友原本是好友或深交，經過一場社運海嘯，朋友圈產生隔閡甚至瓦解，的確非常可惜。我想，朋友的價值是否單單要別人去認同你呢？

觀點不同，願景一樣

那麼，我們如何看待彼此的不同觀點？

New York University 的社會心理學家 Jonathan Haidt 曾在不同政見的人身上找出不同。他發現人在道德價值上主要有六種關注。分別是：

1. 關懷 / 傷害（care / harm）
2. 公平 / 欺騙（fairness / cheating）
3. 自由 / 壓迫（liberty / oppression）
4. 忠誠 / 背叛（loyalty / betrayal）
5. 權威 / 顛覆（authority / subversion）
6. 純潔 / 墮落（sanctity / degradation）

如果我們簡單地將人分為兩類，一類是自由主義者，另一類是保守派人士。

Jonathan Haidt 的研究發現，自由主義者較為重視前三項，即是「關懷 / 傷害、公平 / 欺騙、自由 / 壓迫」，而保守主義者重視後三項，即是「忠誠 / 背叛、權威 / 顛覆、純潔 / 墮落」。

無可否認，世上的確有些立心不良或為一己私利的人。除了他們，我們身邊的本來都是朋友，只是意見不同就變成陌路人。細心地看，其實沒誰對誰錯。兩者只不過比較重視不同的道德基礎，以自己的觀點去看如何令世界變得更好，而有着共同的美好的願景。所謂「價值觀」，可能是大家的演繹不同，手法不同。何不試包容彼此的目標。

看清一個人

那麼為何分歧愈演愈烈？首先，在政見分歧的爭拗中，往往會浮現一些平日交往時沒法看見的東西。例如，你可能發現對方是個很固執的人，不會聆聽，不會冷靜。又例如，對方一旦有情緒，就不會尊重別人。這時候，你便看清這個朋友，重新判斷你需要這個朋友嗎？

情緒加劇分化

人在不明白和不接受對方的基礎下，雙方只會愈拗愈情緒化，理性變感性，由對事變了對人，由討論變成人身攻擊，漸漸偏離了一種建設性的討論，開始跟什麼「價值觀」沒關係了，最後破壞關係。人一旦被攻擊，就會反擊，愈演愈烈。

觀點不同 ➪ 情緒 ➪ 攻擊 ➪ 定人設 ➪ 之後什麼都聽不進去，也不去理性思考。

由此可見，爭拗中，先要學習深入了解別人的觀點，而不是一味主張和強加自己的觀點於人。

同溫層效應

除了情緒化外，同溫層效應（echo chamber）也助長了分歧。同溫層效應指價值觀、立場和想法較為相近的人存在同一個圈子，交流中產生更大共鳴，以至相近的意見不斷重複和擴大，令分化趨嚴重。這觸及「同理心」和「相同性」，也有社交平台的催化。

University of Oxford 的 Christian Blex 及 University College, Dublin 的 Taha Yasser 在 2022 年曾作過一個研究。他們將參加者分為兩組，一組是政見相近的人，另一組是政見不同的人。之後，讓他們在線上社交平台交流。經過一段時間，發現最後政見相同的人終於會聚在一起，變成兩大圍爐陣營。

網絡公司希望用戶在平台停留更久，從而獲取更多廣告收入，會透過演算法（algorithm）和大數據給予使用者想要的或是觀點一致的東西，令同一立場的人會忽略另一立場較深入的意見、想法或背後願景。

朋友可以有其他共通點

以上看到，有些「同溫層朋友」可能只是「意見朋友」，而不一定是真正朋友。要成為朋友，我們需要更多相同條件。第 3 章提過 Oxford University 的 Robert Dunbar 指出七條重要性一樣的「友誼支柱」：

1. **相同的語言**
2. **在同一個地方成長**
3. **具有相同的教育和職業經歷**
4. **具有相同的嗜好和興趣**
5. **具有相同的世界觀（道德觀、宗教觀和政治觀等）**
6. **具有同樣的幽默感**
7. **具有相同的音樂品味**

早前很多人因為政見問題而「絕交」或「離 group」，心裏指責：「識你多年，現在才發現你原來是這種人！」把別人定性為某種人格，或人格的全部。

Dunbar 提醒我們，政見只不過是一個人的某一面貌或部分。政治觀只不過是七條支柱的其中一枝。有些人說「道不同不相為謀」，就輕易放棄恩情，那就太可惜了。或者，關係動搖的原因，乃是其他支柱的根基不夠穩，歸屬感未建立好。

再溝通的條件

心理學家 Gordon Allport 於 1954 年提出「接觸理論」(contact hypothesis)。他認為大部分的接觸都會降低對異見羣體的偏見程度。因為透過接觸和對話，可以讓雙方溝通、了解、建立信任和關係，之後發覺可能彼此的分歧根本沒有想像中巨大。

你會問，為何有些對話會失效呢？他提出接觸要有一些必要條件，否則接觸不單會失效，甚至會弄巧反拙。這些條件包括：

- 相似的人數（勢力平均等）
- 公平的機會和對等的地位
- 展示中立前設
- 友善的態度
- 需要暖身時間
- 找出共同更高的目標（higher objective）
- 先達成比較容易的共識

步驟

橫在兩個人之間的分歧，首先是有人要放下身段，先伸出和平橄欖枝，提出聯繫。

見面或傳訊息時，先暖身，不用立即處理最敏感的部分，可以談些風花雪月。不要先假設對方是立心不良、愚蠢、無能、保守、反社會等標籤。記得之前常常提到，不要太快給別人冠以「人設」。大家以「對等」和「開放」的態度去聽和講。不要高姿態，踩低人。要是曾經說過傷害性的說話，要向對方講聲「對不起」。

尋找共同點和共同目標或願景，或者着眼點在其他「友誼支柱」（第 2 章）。如果暫時傾不來，就暫停。將關係放在首位。

開放的態度

什麼是「開放的態度」？開放，好像一個抽象的概念。其實，開放的核心是：相信羣體中的不同性（diversity）原是好的，不是壞事。那麼，你才會以尊重態度去聆聽。

以下是開放和不開放的分別：

不開放的態度	開放的態度
一味維護自己觀點	想去明白別人的觀點
假設別人永遠是錯	假設雙方可能都是對的
一件事只有對與錯，沒其他可能	一件事可以有很多可能性觀點和出路
討論目標是打低對方	討論目標是了解對方為何不同意你
被挑戰時，加大火力去反駁	被挑戰時，反思自己的問題所在

思考

- 你有沒有因觀點和立場與朋友反目？現在回想，是否有什麼方法可以重建關係？

資料來源：

Moral Foundation Theory. Retrieved from: https://en.wikipedia.org/wiki/Moral_foundations_theory

Elizabeth Hopper.(2019). What is the contact hypothesis in psychology?. Retrieved from: https://www.thoughtco.com/contact-hypothesis-4772161

Chris Blex.(2020). How social media echo chambers emerge(and why all your friends think Trump will lose). Retrieved from: https://www.oii.ox.ac.uk/news-events/news/how-social-media-echo-chambers-emerge-and-why-all-your-friends-think-trump-will-lose/

如果可以重來

7

由開始　到結束

"要如何開始一段友誼？"

友誼的起承轉合

當你放下種種對友誼的恐懼，要重新結識朋友時，就要了解友誼如何開始。

第一件事就是要知道，友誼不是一條直線地發展。友誼會經歷不同階段。過程中，或昇華，或衰竭；或開花結果，或無疾而終。

友誼的發展階段

College of Architecture and Urban Studies 的 Rosemary Bleizer 及 UNC Greensboro 的 Rebecca Adams 在 1992 年提出了友誼發展的四個階段，描述友誼的起承轉合。

第一階段：「雛形期」（formation）

這階段指由陌生人成為相識，雙方由零開始了解，由基本資料到更深的認識。這方面需要是雙方的主動，及資料內容的平衡。如果只是傾斜向一方，關係就難以健康地形成。

第二階段：「發展期」（maintenance）

雙方願意維繫和經營這段關係，最基本是「聯絡」，沒聯繫，怎發展？不錯，有些關係會比較少聯繫，但每次聯繫都可以有質素、有價值。可是單單由一方去主動聯繫，不但不平衡，而且會令主動一方漸漸感覺自己不被重視，削弱關係的建立。

第三階段：「分離期」（dissolution）

這代表友誼遇上阻礙、衝突，甚至枯萎。有些關係結束純粹出於疏遠，有些是彼此的共同羣體或興趣消失，有些因為發生了爭執或誤會等。而關係結束都跟形成和發展的質素有關。當然，一段關係出問題，可能會令友誼終結，也可能因為問題得解決而令友誼昇華，進入新層次（formation again）。

以上不單是一個起承轉合，也可以是一個循環。這又包含了兩個重要元素：

- 「互動」（interactive process）。友誼需要互動，就是雙方的主動。有些人在關係上純是得益者，等朋友找，讓朋友付出。漸漸地，你的朋友都會失落和灰心。關係不可以 take it for granted。
- 「內在印象」（internal structure）。人的行為根據過去行為產生的後果來預測。在關係中，每個人都會在互動中替對方建立一個印象，即是「你是怎樣的人」、「你如何看我」及「你會怎樣待我」等，這都對友誼發展有很大的影響，影響你如何付出、會否堅持，及會否忍耐包容。

第四階段：「檢討期」（evaluation）

最後階段。每個關係結束都事出有因，或是你，或是別人的錯。這教曉你要自我反省，或下次會否帶眼識人。不過，如果一個人沒反省，這階段就不一定會出現。

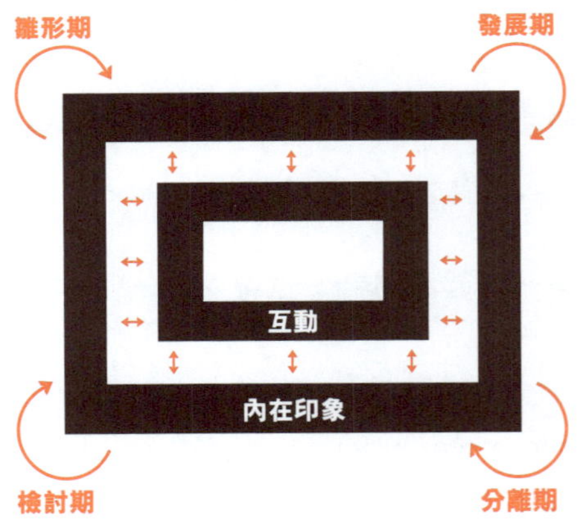

圖中所見，這些階段雖有層次，但在真實情況下，會向前邁進，也會向後倒退。而影響階段進展的重要因素，就是「互動」和「內在印象」。

了解過友誼的發展階段，以下會集中討論「印象」的開始，也是有關結交朋友的起點，可以說是「雛形期」。

而下一章，我們便會探討「互動」，及發展更深厚的友誼。

思考

- 你可以根據以上四個階段中，在每個階段都寫出一至兩個朋友嗎？
- 你可想過將處在早期的朋友轉化為更深的友誼嗎？

資料來源：

Daniel Usera.（2024）. Communicating to connect - Interpersonal communication for today. Retrieved from: https://socialsci.libretexts.org/Bookshelves/Communication/Introduction_to_Communication/Communicating_to_Connect_-_Interpersonal_Communication_for_Today_(Usera)/11%3A_Issues_in_Relationships/11.02%3A_Friendships

R. Bleiszner, & R. G. Adams.（1992）. *Adult Friendship.* N. J.: SAGE Publishing.

印象是怎樣產生的

結交朋友，第一件事要給別人深刻印象，而且是好印象。究竟我們要花幾多時間去形成一份印象？

7 秒定你人設

英國臨牀心理學家 Linda Blair 提出了一個「7 秒理論」，指出第一印象的建立，在於初次見面的頭 7 秒鐘。

神經生物學家和科普作家 Robert Sapolsky 的說法更誇張，他說只需 50 至 150 毫秒（milliseconds）。他在著作《行為：暴力、競爭、利他，人類行為背後的生物學》（*Behave: The Biology of Humans at Our Best and Worst*）一書中表示，我們的大腦中的杏仁核（amygdala）只要 50 至 150 毫秒就可以分辨一個人的性別、種族和地位，組織成一個「印象」。一旦杏仁核感覺他人不對勁，大腦便作出反應，之後才慢慢用理性分析人和事。不過，這種霎時衝動有時候可能是錯的。

我估計他們是說「初步印象」和「霎眼印象」的分別。無論如何，印象其實是一種很「主觀」的東西，誇張地說，是一種偏差。

那麼在這 50 毫秒或 7 秒內，大腦究竟發生什麼事？如何判斷人？這裏介紹六個人類的心理反應。

印象的生成

雖說「印象」是主觀，人際交往中，我們可以通過溝通互動，將主觀轉化為比較客觀。

初始效應（primacy effect）

這效應根本就是「以貌取人」。第一眼的印象可以來自你的外貌和衣着，也可以來自對方內心對你這外表和這種人的前設感覺和經驗。你當然不能讓對方在最短時間了解真正的自己和內在美，但是你可以留意自己的儀容、舉止和態度，讓別人第一眼就對你留下好印象。

建議：

你想給別人在你外貌、外觀和舉止上，有怎樣的印象？另外，你又知否別人喜歡見你怎樣的形象？

時近效應（recency effect）

熟人交往，人們往往會受「時近效應」影響，最後的印象往往最強烈，甚至可以沖淡先前留下的印象。

建議：

所以在新朋友面前的最後互動，可以讓對方保留一個能帶走的印象，例如：微笑、感謝、關心，聚會後傳一個感謝或欣賞的訊息，或離別前問問大家對這次聚會、活動的感覺。

月暈效應（halo effect）

人們對他人的認知和判斷往往只從局部着眼，一個人的優點或缺點一旦被誇大，其他特點就難以被看見了。這不是說我們不能有缺點，但是當別人發現你的缺點時，反而不用逃避或否認，可以落落大方地承認和道歉，才能增進別人對你的坦誠印象。

建議：

思想自己的優點或想人認識的特質，在聯絡時，從對話或行動上讓對方發現。例如，你是個熱愛助人的人，可以主動給對方幫助。

刻板印象（stereotype）

每個獨立個體都有不同特質，一旦落入「刻板印象」的圈套，用羣體的普遍認知去看待，很容易形成誤解。

建議：

多表達自己背後的想法和動機，讓別人深入一點了解真正的你，而不是表面的你。

錯誤共識性偏誤（false consensus effect）

人喜歡把自己的特質強加在他人身上，假定他人與自己相同。

建議：

可以找出和提出你跟對方相似的地方，增進好感。要是你發現別人可能強加錯誤的印象在你身上，你可以先理解對方的立場，之後記得加以解釋你跟對方的「同」，之後才是「不同」。

確認偏誤（confirmation bias）

一般人習慣尋找與注意能夠證實自己既有信念的證據，一旦認定你是這樣的人，之後自然將你的行為歸類在這個認定之下。

建議：

不用太快不高興，其實對方都未真正認識你。嘗試令對方認識你有各方面的性格和特質，而且有時也有例外的思考，因為你是個有生命的個體。

思考

- 試在你的學校、職場、教會、活動羣體中，找出一兩個認識了比較長時間的人，之後看看你對他們當初的第一印象，對比現時的印象，想想有否以上各種的印象偏差。

資料來源：

Viktor Sander.(2019). 20 tips to be more likable & what sabotages your likability. Retrieved from: https://socialself.com/blog/be-more-likable/

Robert Sapolsky.(2017). Why your brain hates other people. Retrieved from: https://nautil.us/why-your-brain-hates-other-people-236659/

增進好印象

上文提過，他人對你的第一印象，會根據他過往的經驗記憶，轉化成對你的了解，若是給人留下不好的第一印象、被定了型，要透過第二、第三印象去平反，就比較困難了。

正如上文所說的「初始效應理論」。最開始的信息最能引人注意。這個認知偏差是因為人的短期記憶在開始時會閒置，有許多時間能處理這些信息，接着轉換成儲存在腦內較長久的記憶。

第一印象的好壞受着性別、年齡、長相、體態、儀態、談吐與穿着等影響，這都是因為肉眼可以直接觀察。但長相難以改變，還有什麼可做呢？

小行為塑造印象

The Body Language Bible 的作者 Judi James 是個行為學的專家，她提出了一些簡單而微小的行動，足以影響別人對你的印象，例如：

- 挺起胸膛，令人覺得你自信；
- 自然的笑容，令人覺得你開朗隨和；
- 自信有力的握手。

除了行為表現，有針對交友的研究指出，如果你的名字很容易發音，也會給人留下較佳的第一印象。我的確遇上一些新認識的人，他們的英文名字很冷門，或者自創，可是非常難讀難記。每次再見面，我只想起「一個名字很難的人」，反而模糊了他的其他印象。

每個人都想被重視

印象，有時我們會說「識做人」。什麼是「識做人」？不是狡猾，不是滑頭，而是讓對方覺得你「重視」他，因為每個人都需要被重視。怎樣做？

- 同理心：嘗試明白別人的意思，先聆聽，後表達；
- 對別人的觀點儘量認同，即使不認同，也起碼去了解對方的出發點；
- 欣賞別人的好處；
- 真誠和保密，別人向你說的話，不要做大咀巴。

以上做法，其實都想別人知道你是個關心他、重視他，即是重視這段關係的人。

潛意識可能作怪

前文提過「客體關係理論」，談到人會從自己的人生經驗（特別是跟家人的關係經驗）中，投射了好或不好的印象在別人（特別是較好關係的人）身上。

你可能發現，當你初遇見某人，對方會在他的潛意識裏，把你與另一個人聯想起來，即便最後發現實際上是不同的，這種「投射」會令他引發對你的好感，也可能沒大好感。例如他一向不喜歡自己的父親，因為父親性格比較霸道。而你剛好是個決斷的領袖型人物，他可能會未審先判，對你沒好感。這樣，可能無論你刻意做什麼，都未必可以立即打破這「思想框框」。

很多人會說，「好感」其實是一種「緣分」。或者，這解釋了所謂的緣分吧！

那麼，你可以：

- 多點耐性，等待他慢慢真正認識你；
- 如果你已經盡了力，但仍無功，唯有隨緣吧！

思考

- 你知道自己在別人心目中的印象嗎？你敢去問問你一些好友嗎？
- 如果你不懂怎樣是「好印象」，嘗試在交通工具或街上，觀察其他人。哪些人給你好印象，哪些人給你壞印象，之後找出他們的不同特點，你便知端倪。

資料來源：

Michelle O' Connor.(2010). You've got 7 seconds to impress me: How we size up men in next to no time. Retrieved from: https://www.dailymail.co.uk/femail/article-1338064/Youve-got-7-seconds-impress-How-size-men-time.html

增進親和力

朋友的英文是 friend。一種友好的表現叫 friendly。不錯，對朋友，要 friendly，即友善或親和力。親和力其實是一種態度，雖然未必構成友誼的最主要成分，但絕對是成為朋友的基本元素。

親和力為何重要

在進化心理學上（revolutionary psychology），人類會選擇可以信任的人交往，為了保護自己。那麼人如何判斷別人可否信任，就是靠一份親和力。

哈佛大學曾進行一個有關親和力的實驗。研究員選在下雨時，在火車站問路人借手機一用，了解一般人對陌生人的反應。

研究員會用兩種手法去借手機：

方法一：「可以借你的手機一用嗎？我要打一個很重要的電話。」

方法二：「下雨了，真抱歉！可以借你手機一用？我要打一個重要電話。」

兩個手法的最主要差別只有一句：「真抱歉！」（I am sorry !）

你想像結果如何？

利用方法一，只有 9% 的人會借出手機給陌生人。

利用方法二，即加了「真抱歉！」，卻有 47% 的人會借，比前者多出四陪人數。

即使那個所謂「道歉」並不必要，似乎無關痛癢，但是的確可以增進親和力。由此可見，我們的説話「態度」比説了什麼「內容」還重要。

最易最快的親和力手法

很多人會苦惱自己不懂説話，不懂開話題，不夠主動，那麼如何增加親和力？再説，親和力不是一種技巧，而是一種態度。那麼，別人如何看出你的態度？你不用養一隻狗！

這裏有最簡單的兩個方法：

眼神接觸

自然的眼神接觸代表「尊重」。

如果你一向不習慣望人，請你嘗試望望。如果你害怕別人的眼光，你可以望向對方的眉心（兩眼中間的地方），令對方感覺你有望着他。可能你會怕望着別人太久，不好意思。可以聽了別人一些話，間中點頭（表示認同），趁點頭時望去其他地方，之後轉回。

笑容

笑容代表「溫暖」。

很多心理學家對笑容作出研究，指出笑容給人感覺快樂、滿足、享受和樂意助人，全都是友誼重要的元素。

自己不懂笑，或是沒笑時樣子很惡的話，不妨對住鏡子去練習：笑。

親和力不代表討好人

小說家倪匡曾說：「朋友之間要有尊敬。但太多尊敬，又不可能太熟絡。」凡事不用矯枉過正。親和力不代表唯唯諾諾，不是一味討好別人，忽略自己需要。親和力只是一張交友入場券，打破開始時的隔膜和防衛機制，或者在雙方有誤會時，把負面關係張力稍為降溫。最真摯的友誼，都是要講真心話。

思考

- 如果你一向很害怕跟別人眼神接觸，可嘗試在商店購物的短暫接觸開始練習。
- 用手機自拍幾款笑容，選出你覺得最自然和友善的一個，加以練習。

如何掹水吹

下一個問題是，一旦想開始對話，怎打開話題？一段對話的開始離不開閒聊（又叫吹水）。但閒聊也不易。

- 面對一個不熟悉的人，怎開話題？
- 對方是一個悶蛋，有什麼可說？
- 在學校或公司遇上老師或上級等權威人士，不知說什麼好？
- 小圈子正在說話，怎樣加入？
- 交友 apps 認識了一個人，見面時要說什麼？

很多人不懂閒聊，甚至鄙視閒聊，覺得沒用。其實閒聊很有用，是人與人相處的開門話。在很多文化裏，人與人見面不能立即跳去主題，很多時候都要暖身或試水溫。不過雖說是閒聊，<u>在閒聊當中也可以反映你這個人的個性、喜好、見識、生活、品味，甚至價值觀，從而建立印象。</u>

吹水的原則

在《虧我一直把你當朋友》一書裏，作者精神科醫生成裕美教我們如何「掹水吹」。

一、控場率原則

她將兩個人或一班人的對話比喻成足球賽，目的是讓每個球員都有機會控球。自己不能控球太多或太少，最好跟別人相對平均。自己說話過多時，要及時停下來，把話題交給對方，好像交球一樣；自己話少的時候，就找機會加入談話或創造新話題。

例子：

對方：你家住在哪裏？

我：我住大埔，你呢？（這個「你呢」就是交球了）

對方：這部電影好像很好看。

我：我都聽說過，應該很好看。（接球）你聽過什麼評語？會否打算看？幾時看？（投球）

從以上看，控場原則的核心是：表達自己對對方感興趣。

二、交換原則

人際相處過程中帶來的回報，如果大於或等於要付出的成本，人們才願意建立和維持這段關係。因此，每個人在對話中都有意無意地評估當中對自己有沒有價值。

價值可以是增進一點新資訊、獲得輕鬆或快樂的心情，及自己的個人價值。

過程中，可以學習：

1. 贊同對方，令對方感到有價值。如果你真的認同別人的觀點，當然容易贊同。相反呢？你可以贊同當中某一個可接受的部分，或者贊同對方背後的動機和初心。
2. 自我袒露。適當地袒露自己的事，會令對方感覺你信任他和重視他，增加對方的價值。

三、話題繁殖

讓一個話題再繁殖出更多話題，不做話題終結者。

錯誤例子：

對方：這部電影不好看。

我：對，不好看（話題終結了）。

示範例子：

縱向繁殖（深度）：

對方：這部電影不好看。

我：我在網上看到影評都不太好（接球）。你也覺得嗎（投球）？

對方：我看了，真的很爛！不好笑，沒內容。

我：其實你喜歡什麼類型的電影，最近看過哪一部你欣賞的電影？（深入了解對方對電影的喜好）。

橫向繁殖（闊度）：

對方：這部電影不好看。

我：我在網上看到的影評都不太好（接球）。你也覺得嗎（投球）？

對方：我看了，真的很爛！不好笑，沒內容。

我：今年好像沒有好的電影（擴展至一般電影），令人平日沒什麼好做（擴展至平日娛樂）。

對方：那麼你平時愛做什麼？

思考

以下是一些其他可試用的話題，你可以試試：

- 你平日在家中多數做什麼？
- 你不用溫習或工作時，你會做什麼？
- 你聽過對你最差的建議是什麼？
- 你最喜歡 follow 的 YouTuber / IG 的網紅 / 公眾人物是誰？
- 你喜歡要思考的電影，還是純粹輕鬆的？
- 你有沒有崇拜的人物？
- 你最想別人知道你什麼事？
- 你放假最想去哪裏，做什麼？
- 你會給 10 歲 /15 歲的自己什麼建議？
- 你最喜歡和討厭的花名是？
- 你有否最喜歡的老師或上司？

很多時候，問了以上的問題，別人回答了，話題就終結，似乎接不下去。因為，你忘了接着問一個很重要問題：為什麼？

資料來源：

Natalie Watkins.(2022). How to get to know someone better(without being intrusive). Retrieved from: https://socialself.com/blog/get-to-know-someone/

增進深入的對話

當吹水完畢，我們必須進到深入一點的交流，從話題中漸漸熟絡。

彼此表露內心世界

你給別人蘋果，別人才會給你蘋果。意思是，有時你可以先對別人感興趣，關心對方的事，之後才分享你自己。又或者，你先分享你自己，之後再詢問對方。有來有往。

關係由雙方的自我袒露（self disclosure）開始。可是，又怕問來問去都是「你做什麼職業」、「放假去哪旅行」、「有什麼興趣」等悶蛋問題。

36 個親密感試驗

心理學家 Arthur Aron 提出了 36 個「人際親密感產生試驗」的問題，幫助人建立初步認識、了解及共情，由陌生到熟悉，由熟悉到親密，逐步遞增。

這裏分為三個階段，由淺入深。你先以下列問題問對方，之後向對方分享你的答案。

如果你怕對方覺得似審犯或感到奇怪，可以說，這是一個測驗，想試玩嗎？

第一階段：

1. 如果你可以選擇一個人來跟你晚餐，你會選擇誰？
2. 如果你希望自己出名，會希望以什麼方式？
3. 在打電話之前，你是否曾經預演過自己要説什麼？為什麼？
4. 對於你來説，「完美」的一天必須具備什麼元素？
5. 你上一次唱歌給自己聽是什麼時候？上一次唱給別人聽呢？
6. 如果你能夠活到 90 歲，你寧願選擇保持 30 歲的身體，還是 30 歲的心境？
7. 你對於自己將如何死去，是否曾有過神秘的預感？
8. 説出三個你和我的共同點。
9. 在人生中，你最感激的是什麼？
10. 如果你能改變你成長過程中的任何一件事，你會想改變什麼？
11. 花 4 分鐘時間告訴我你的人生故事。
12. 如果明天一早醒來，你可以增加一個技能或能力，希望是什麼？

第二階段：

1. 如果有一個水晶球可以告訴你關於你的所有事、你的人生或你的未來，你最想知道什麼？
2. 有沒有什麼事情是你夢寐以求想做而沒做的？為什麼？
3. 你人生最大的成就是什麼？
4. 在友情中，你最重視的事情是什麼？
5. 你人生中最珍惜的是哪一段回憶？
6. 你人生中最糟糕的是哪一段回憶？
7. 如果你知道一年後你會死掉，你會想改變現在的生活方式嗎？為什麼？
8. 友情對於你的意義是什麼？
9. 愛情在你人生中扮演着什麼樣的角色？
10. 分享你的夥伴五個正向特質。
11. 你的家庭關係如何？你會覺得自己比其他家庭的孩子更幸福嗎？
12. 你覺得自己與雙親的關係如何？

第三階段：

1. 造三個以「我們」開頭的句子。例如「我們都在這個房間裏感到……」
2. 完成以下句子：「我希望有人能與我共享……」
3. 若你將和我成為親密的朋友，請分享身為親密朋友該知道的事。
4. 請誠實告訴我，你喜歡我的地方。（誠實到你甚至不可能跟初次見面的人説這些話）
5. 分享你人生中最尷尬的片刻。
6. 你上一次在別人面前哭泣是什麼時候？還是你通常自己一個人哭泣？
7. 你已經開始喜歡我的什麼特質？
8. 對於你而言，哪些事情開不得玩笑？
9. 如果你今晚就會死去，死去前沒有機會再與任何人溝通，你最後悔沒和誰説什麼話？為什麼這些話你不及早對他説？
10. 如果你的房子失火，屋裏所有你愛的東西，你只夠時間救出一個，你會選擇什麼？
11. 家族裏的所有成員哪個人死去，你會最傷心？為什麼？
12. 分享一個你現時的個人困擾。（之後發問者給對方一些建議，並分享對這個困擾的感受）

思考

以上不是審犯的問題，純粹是參考。重點是，你一定要自己先回答以上問題，一面答，一面感覺被詢問時的感覺，那麼你便可以感覺別人的感受。

增加你的 like

有些人對社交沒信心，總覺得自己人緣差。雖說人緣很主觀，甚至說是潛意識在運作，其實這的確是複雜的問題。有些人的外型的確比較容易給人感覺親切；有些人可能性格善解人意，讓人感到舒服。可是，社交是否全被動，沒有什麼可做呢？究竟如何令自己人見人愛，車見車載？

Like 不用「呃」，最重要因素是：聆聽、真誠。

瑞典輔導員 Viktor Sander 在 2019 年曾經訪問了 1,042 人，問他們覺得哪些性格的人比較吸引，想跟他做朋友。原來，好感（like）都有標準的，不是完全虛無縹緲。雖然他的訪問對象主要是西方人，但也有一點參考價值。結果是：

- 整體上的頭三位分別是：有趣、肯聆聽、不會批評我；
- 男性方面：肯聆聽、真誠、有趣；
- 女性方面：有趣、真誠、肯聆聽。

首先，「肯聆聽」永遠都是交友的重要因素。「聆聽」的意思不只是純粹的聽，而是有耐性地聽，不會太快發言和反駁，而且一面聽一面明白他人。

而第二位最常出現的就是「真誠」，意思是表裏一致，不會向朋友說謊，或想佔朋友便宜。

如從性別角度看，情況就比較有趣。雖然男性一般上都比較寡言，原來內心卻希望被主動聆聽，甚至可能想朋友先提問和先對他們有興趣，去引發他們分享多一點。

女性方面，一個人有趣沒趣原來都是關鍵，可能她們想在友誼當中感到歡樂和舒服。

好感，其實是「共」感

好感不是單方面的，而是共同感應的，所謂「共感」（rapport）或叫共感式互動，即是我感應到你，而你又感應到我。這是經營友誼過程中很重要的元素。

Tufts University 的 Linda Tickle-Degene 和 University of California 的 Robert Rosenthal 在 1990 年研究朋友間如何建立共感關係。要跟朋友融洽相處，建立共感關係，當中有三個主要部分：

注意力（attention）

對別人有興趣，想認識多一點，會主動去聯繫。

正能量（positivity）

對別人友善和溫暖，願意鼓勵和幫助。

協調（coordination）

意思是調校（tune-in）至別人的感受和想法，跟別人愈來愈「合拍」，像音樂上不同樂器的合奏調音，在人際關係上或者叫做「默契」。

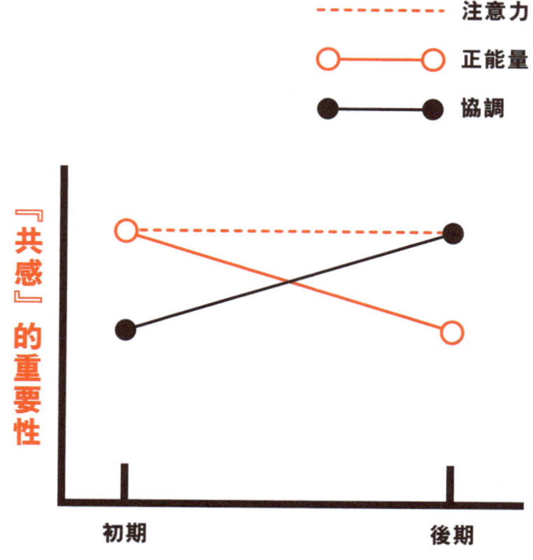

圖中所見，如果將一段友誼關係分為初段和後段的話，不同階段的重點會有不同。

最初階段

注意力和正能量兩者都很重要，因為可以讓別人第一時間對你產生好印象（正如前文所談的）。

不過在稍後時間，正能量會漸漸衰落，因為朋友已經接受了你，也不需要你刻意大獻殷勤。

另外就是注意力。對朋友的關注是必須的，一直都要保持，令朋友覺得自己在你心中一直有地位、有價值。

稍後階段

有趣的是，朋友在友誼關係中有一個很重要的期望，也隨着時間增長。這就是協調。

協調的概念帶點深度，當中包括要願意明白和了解別人，接納和認同別人的喜好和觀點；互動中令人感覺到真正在交流，有來有往，似在打乒乓球一樣。有時感覺會像：「是嗎？我都覺得如此！」而下次見面，大家又會很易估計到對方的想法和喜好。

當然，人與人之間有樣東西叫「化學作用」，所謂「夾唔夾」，有些人會比較容易 tune-in 某一種人。但當中，有些地方可以留意：

- 成為好的聆聽者；
- 對別人的觀點有興趣去追問；
- 不太快判斷別人的觀點；
- 嘗試認同別人的觀點，或者願意理解更多對方背後的想法；

- 找出共通點；
- 分享共同的快樂和滿足。

最後，我覺得上面三者：注意力、正能量和協調，都是相輔相成的，要有初階段的注意力和正能量，才會增進你對朋友的認識和好感，令你有意欲和能力去協調。

思考

- 想出一兩個你最要好，又令你感到舒服自在的朋友，之後問自己他們為何給你舒服的感覺。跟下面三樣有關係嗎？
- 注意力：
- 正能量：
- 協調：

資料來源：

Viktor Sander.（2019）. 20 tips to be more likable & what sabotages your likability. Retrieved from: https://socialself.com/blog/be-more-likable/

Linda Tickle-Degnen, & Robert Rosenthal.（1990）. The nature of rapport and Its nonverbal correlates. Retrieved from: http://www.justinecassell.com/discourse07/week3/TickleDegnenRosenthal_NatureofRapport.pdf

8

保持　通話

“你有幾頻密聯絡朋友？”

溝通，增進連繫感

很多人會感覺，有些朋友雖未至點頭之交，關係仍然普普通通，沒法深交。究竟如何跟朋友交心？

上一章提到友誼發展的四個階段，描述友誼的起承轉合。同時，我們也談到在這個階段的交友注意事項。今章我們進到「發展期」或者可以叫「維繫期」、「經營期」（maintenance）。

這時期的重點是「互動」和「溝通」。

究竟要溝通什麼？

University of Kansas 傳播學教授及友誼專家 Jeffrey Hall 曾根據「溝通關係歸屬理論」做過一項研究，了解人際間的溝通如何建立親密連繫。他首先整合出七種溝通行為：

1. 了解彼此最新情況
2. 有意義地談話
3. 開玩笑
4. 表示關心
5. 聆聽
6. 重視他人及其意見
7. 真誠地讚美

他找來五所大學校園逾 900 人參與，時期橫跨新冠疫情大封鎖前、期間及之後。他要求參加者在一天內進行七種交流行為中的一種，當晚向他匯報他們的壓力、聯繫、焦慮、幸福和孤獨的狀況，及評估當日的整體質素。

最後團隊對於有質素的溝通，歸納出幾個很重要的發現：

種類

選擇哪種溝通種類並不重要，最重要是曾經透過以上其中一種方式，選擇進行高質素對話的參加者感覺更好。

次數

一次談話基本上已經夠好，不過愈多效果愈好。

面對面

最少一次進行面對面高質素對話，與幸福感關係更為密切，與用電子或社交媒體接觸相比，面對面更具效果。

聆聽

愈多傾聽朋友的意見，愈關心他人，愈花時間去珍視他人的看法，一天結束時感覺就會愈好。

這項研究令人興奮之處，在於證實與朋友進行一次愉快的交談會得到很多好處，所以只需騰出時間進行有質素的談話，就有助人更好地過日子。

以上似乎是很普通，不算驚天動地的發現。可是，我們常常犯了以下毛病：

我們太喜歡説自己想説的話 VS 好朋友懂得先聆聽，後説話；

我們太喜歡給別人意見和批評 VS 好朋友懂得先欣賞，後給意見；

我們有時太認真，太拘謹 VS 好朋友懂得幽默，讓朋友感覺輕鬆。

迴旋式的溝通

你可能會問，一味只聽別人談話，對方未必會認識自己，而且溝通變得單向。事實當然不是這樣。溝通可以先由他人開始，漸漸轉至我們，再到自己。英國心理學家 Natalie Watkins 提出了一個對話的方向圖。圖中所見，你看到層遞式的演變。

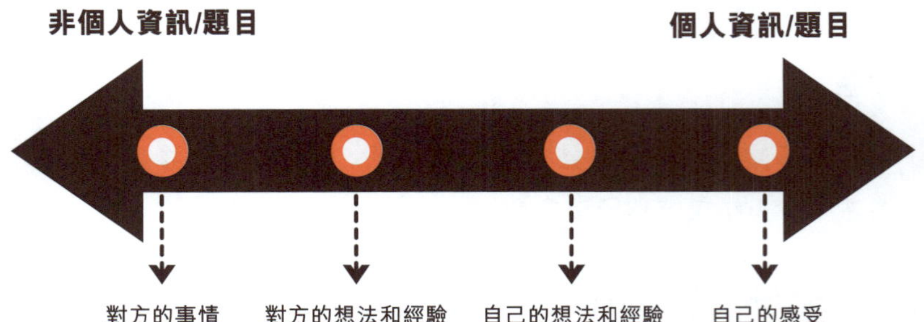

對方的事情

對別人的事務有興趣，如「你做什麼職業」、「你在這個派對中認識誰」。

對方的想法和經驗

一般的情況或其他人的事務，如「我在 YouTube 都看過別人這樣說」、「我有朋友帶過我去這裏」。

自己的想法和經驗

自己對這件事的看法，或者自己的興趣所在，如「我最喜愛的歌手」、「我有返教會，是個基督徒」。

自己的感受

自己內心的感受，如快樂、擔心、害怕，如「我記得我童年是，發生……」、「我擔心畢業後會……」。

當然，這不是「規條」，非這樣說不可。但這個設想的好處是令人感到你對他有興趣，你肯聆聽和關心，不是自說自話。而這條線來來回回，迴旋而行，代表有來有往的溝通，增進認識與關係。

思考

請你在約會一個朋友前，先預備一項題目，同時以上文的方向圖，預備分享內容和提問，主題可以是：

- 最近在網上看過新奇有趣的事物
- 一次旅行的經歷
- 學校或職場上遇過的衰人
- 對朋友的看法

資料來源：

Jeffrey A. Hall, Amanda J. Holmstrom, & Daniel Totzkay.(2023). Quality conversation can increase daily well-being. Retrieved from: https://journals.sagepub.com/doi/10.1177/00936502221139363

增進同理心

還記得第 1 章提過的「客體關係理論」嗎？如果我們的內心可以做到「我好，你都好」這心理狀況，人際交往就會感到安全和自在。不過，你可能會問，應該如何實踐出來？

如果你想別人覺得你「好」，實在是期望別人明白和肯定你。我們嘗試設身處地去想，其實你的朋友都同樣期望你可以明白和肯定他。這種做法，就是本書不同章節我們常說的：同理心。同理心，是開啟關係的按鈕。

每個人都想別人明白自己。同理心，就是一份「身同感受」。科學家在研究中發現同理心是人類的天性，而且動物也有這樣的能力。

舔腳掌的老鼠

McGill University 心理學教授 Jeffrey Mogil 在 2006 年於《科學》（*Science*）期刊上刊登了一個實驗的發現。他為兩隻老鼠注射一定分量的刺激物，令牠們感到不適，以致要舔自己的腳掌去自我安撫。研究員已計算好，只要注射 X 分量的刺激物，就令老鼠出現 Z 次數的舔腳掌行為。

他們先替第一隻老鼠注射超過 X 分量的刺激物（X^+），令牠舔腳掌超過 Z 次（Z^{+}）。同時，他們為第二隻老鼠注射剛剛好 X 分量的刺激物，讓第二隻老鼠看見第一隻老鼠舔腳掌的情況。

結果，雖然第二隻老鼠只接受 X 劑量，但舔腳掌的反應卻跟第一隻差不多（Z^{+}），代表牠似乎有一份「身同感受」的痛苦。這就是同理心。

同理心，其實也是人類的天性。

心理學家及著名婚姻大師 John Gottman 認為，小孩子建立友誼的要素是：

- 可以談天説地，看起來在情感上能夠彼此相通；
- 有勇氣和能力去告訴對方有關自己的事；
- 找出兩人的共通點；
- 當一個人玩時，另一個會跟着玩；
- 最初會是公平交易，漸漸地，會更能給予對方需要的，就是捨己。

心智理論

心智理論（theory of mind）討論兒童的同理心發展。雖稱為理論，主要因為「心智」是無形無體，無法觀察，所以是一種推論。

兒童一般會在 4、5 歲持續發展心智理論：

- 了解他人行為的目的和動機；
- 扮演或模仿他人，如家人、朋友或不同職業；
- 代入別人的角度，想像別人的思想和感受；
- 估計別人會想什麼，感覺什麼或講什麼 。

從以上生活的學習和體驗中，兒童漸漸發展心智理論，學習推斷他人的思維，在溝通過程中獲取資料來預測他人的動向。一個人懂得運用「心智理論」，就能有系統地掌握人與人之間的互動行為，包括情緒、信念、期望、意圖等。再者，這種基本能力使人在交談時，能了解對方説話中更深層的意圖，而不是停留於表面含意。

發展心理學家指出，自閉症患者在心智理論發展上有障礙，大大影響他們的社交能力。自閉，不是指他們封閉自己，而是未能健康地發展「有我有你」或 I-thou 的意識。

Baron-Cohen 等研究自閉症的學者曾做了一個實驗，反映自閉症孩子運用心智理論的障礙。以下是實驗中使用的「Sally & Anne 故事」(Baby study: The development of social interaction between infants in their first year, 1965)。

「這位是 Sally，她有一個籃子。

那位是 Anne，她有一個盒子。

Sally 有一個球，她把球放進籃子裏。然後，Sally 便離開了。

Anne 把球從籃子裏拿出來，放進盒子裏。

現在 Sally 回來了，她要玩球。

Sally 要往哪裏找呢？」

一般 4 歲以上的孩子會快而準地回答：「Sally 會從籃子內找。」可是自閉症的孩子卻會説：「Sally 會到盒子內找。」為什麼？因為自閉症孩子對於「個人」和「他人」的概念混淆不清，無法代入別人的想法來預測其行為。如果你慨嘆自己社交出問題，不妨反省這個交友的基礎，就是「有我有你」及 I-thou 的關係。

Sally
Anne

放下自我

看了這麼多，可能你摸不着頭腦。再細心地看，不同學者都異口同聲地説，小孩子的社交不是隨便和隨機的，他們有着自己的「法則」。有些孩子會比較受歡迎，有些孩子會比較「懂得」社交。

這裏有三個重要法則：

1. 懂得設身處地去了解別人；
2. 捨己，不自私；
3. 懂得關心和體諒別人。

以上三點其實都是一點，就是「放下自我」。原來「好想你做我朋友」，先是「考慮你的感受和需要」。由「我想」，轉去「你想」。

很多人常問我如何「訓練」孩子交朋結友。我會想，不純是一種訓練，而是以身作則，幫助孩子塑造一種性格和氣質，就是「放下自我」。

缺乏同理心

有人會説，他們天生缺乏同理心，總是想不到、感受不到別人的感覺。對別人的事，大多時都沒感覺。我不排除不同人的同理心水平會不同。不用灰心，萬事都可以將勤補拙。即使對方沒說出自己的感受，也可以嘗試以下建議：

社交線索

留意對方的身體語言和社交線索（social cue），例如眼神注視、兩臂交疊、是否面向你、距離、表情、笑容和語氣語調等。

簡單重複

簡單重複對方的話，可以是一個小總結，或對方言談中最後的部分。

不明就問

有時我們真的不完全明白對方的感受，同時很多人分享都未必直接講出「感受」，不妨直接問：「你對這件事的感覺如何？」

專心聆聽

當別人說話時，你可能一面聽，一面想如何回應，甚至想出反對觀點。嘗試專心聆聽，不急於反駁。即使不同意，也先欣賞對方的看法，可以邀請對方多一點解說，從而了解對方深入的目的，這樣也可能改變你的前設觀點。

有時你會在對話時感應到對方有點不自然或不妥，很多時候你都可能忽視，繼續說話。下次嘗試停一停，問問對方的看法和感受。

思考

嘗試以下的同理心練習：

例子 1：

對方：「好慘！上星期發生了 XXX 事。」
回應：「你一定好傷心！」

例子 2：

對方：「我搞歪了！」歎了一口氣。
回應：「你有點擔心？」、「你應該有點自責！」

練習：

初階：

對方：「忙到死，老師還加我們功課！」
回應：

中級：

對方：「不錯都錯了，還有什麼可做？」
回應：

高級：

對方：「我去了考急救證書，想續返個資格。溫了好耐書，好努力的。我係識晒所有嘢。但臨場我真係好緊張，個腦空白晒，所以 fail 咗。其實，我應該躺平就好了，讀完有乜意義？做人有乜意義？」

回應：

建議答案：

初階回應：「你覺得好不滿」、「你已經覺得好辛苦」。

中級回應：「你感覺好後悔」、「你感覺好無奈」。

高級回應：「你感覺好唔抵，花了很多時間預備。也可能有點自責，因為臨陣緊張。你說你想放棄，我感覺你其實好矛盾。」

資料來源：

Simon Baron-Cohen, Alan M. Leslie, & Uta Frith.（1985）. Does the autistic child have a "theory of mind"? Retrieved from: https://docs.autismresearchcentre.com/papers/1985_BC_etal_ASChildTheoryOfMind.pdf

信任，生存之道

除了同理心，前文經常提及，成為朋友的其中最大因素是：信任。

究竟信任是一種生理、心理反應，還是人與人之間的互動？

信任，是生存之道

信任可以是一種天性，讓人類生存下去。

德國 Max Planck Institute 的人類進化學專家曾在黑猩猩身上做實驗。他們指示一羣黑猩猩玩一個「信任遊戲」。遊戲中，他們從兩條繩中選擇其一，兩條繩分別是「可信繩」和「不可信繩」。當他們拉到「不可信繩」，會收到不好味的食物。當他們拉到「可信繩」，對面另一隻黑猩猩會收到好味的食物，而拉繩的同伴可以分享同一種食物。那麼，win-win，雙方都有好處。

可以想像，如果黑猩猩要得益，便得相信對方肯分享。

黑猩猩要跟牠的「朋友」玩 12 次，又跟 12 隻非朋友黑猩猩玩。當然，結果發現，黑猩猩會較相信自己的朋友。因此，從進化心理學角度，人類可能都靠信任去維繫社羣，才能生存下去。

信任是一種互動

科學家知道人類大腦中的催產素（oxytocin）影響人對他人的信任，考慮會否願意冒險去相信和親近別人。Claremont Graduate University 的心理學家 Paul J. Zak 曾做過一個實驗，了解催產素對信任的影響。

他邀請一羣人利用電腦將金錢互相分享，條件是收款人要自發地向其他人分享部分金錢。事實上，分錢的人無法控制和監察收款人是否據為己有，還是向外分享，只有選擇信與不信。研究員會在分錢者和收款者分錢的前和後為他們抽血，了解催產素狀況。結果發現，當一個人收款愈多，他愈會感到被人信任，他腦部的催產素也會愈多。

這是一個怎樣的結果呢？當一個人被信任，他會容易去信任他人 ，是一種互動作用。在朋友關係上，當你選擇相信，原來會賺得別人的相信。你信我，我就信你。

贏得信任

那麼你會問，怎樣的具體互動可以贏得信任？

一致性

對別人的行為和態度要一致。所謂路遙知馬力，日久見人心。朋友會用雪亮的眼睛去看你的為人是否一致，去判定是否可以信任。

以他人為先

儘量選擇先聆聽，了解朋友的需要和想法，為對方好處着想。而不是利用人，或者佔別人便宜。

讓朋友做自己

讓朋友輕鬆自在去説想説的話，做想做的事，少批判多鼓勵。

為自己的責任負責

做錯了事，肯道歉；應承朋友的事，要實踐，言出必行。

選擇相信你的朋友

有時對方可能令你失望過，如果相信多一次，或許看到不同的情況。

從以上可見，所謂要「贏」得信任，先要懂得「輸」。輸什麼？就是放下自我。這個跟上面談到的同理心實在是同一件事，銀幣的兩面。

思考

- 寫出三個你最信任的朋友名字，問自己信任他們的原因。

資料來源：

心靈天使（2019）：〈心理測試：人際信任量表，測測你對他人的信任程度〉，擷取自：https://kknews.cc/psychology/gmvo29e.html

Jan Maxim Engelmann, & Esther Herrmann.（2016）. Chimp friendships are based on trust. Retrieved from: https://www.mpg.de/9829733/chimpanzees-friendship-trust

Paul J. Zak.（2017）. The Neuroscience of trust: Management behaviors that foster employee engagement. Retrieved from: https://hbr.org/2017/01/the-neuroscience-of-trust

愛要怎麼表達？

很多人認為朋友間已經很熟，可以事事「心照」，不用將內心的關愛掛在口邊，或者有時候，朋友間因為熟，所以更難說出肉麻的話。朋友間真的不須要表達親愛？「友愛」自然「有愛」？當然不是。

你可能聽過暢銷作家 Gary Chapman 所寫《愛之語》（*Five Love Languages*）。他向我們介紹五種既平凡又珍貴的愛的言語：肯定的言詞、精心的分享時間、情意的禮物、貼心的服務和溫馨的觸摸。

肯定的言詞（words of affirmation）

誤解或錯誤：

- 朋友間已經很熟，不用再談感受，假設大家心照；
- 你窒我，我窒你，我取笑你，你取笑我，才好玩，才有趣；
- 直接說出讚賞的話，對方會很尷尬。

表達方式：

- 朋友幫助了你，要表達感謝；
- 對朋友說，你重視這段關係；

- 面對面或網上表達肯定、激勵和欣賞。

精心的分享時間（quality time）

誤解或錯誤：

- 朋友很忙，或者我很忙；對方不找我，即對方不想找我；
- 朋友不想多談，或自己不敢表達，或覺得自己不懂安慰別人；
- 男人「老狗」，不會講感受；
- 不要講不愉快的話題，會愈講愈不愉快；
- 見面時，卻只在常常留意手機。

表達方式：

- 主動聯絡對方，預留溝通的時間；
- 與對方一起花時間，全身全心投入做一些事，享受一起的時光；
- 即使少見，間中也可以即時通訊問候一下。

情意的禮物（gifts）

誤解或錯誤：

- 以為自己喜歡的東西，朋友一定喜歡；

- 不知道朋友喜歡什麼，不如不送；
- 禮物是浪費金錢的；
- 禮物愈貴重愈吸引。

表達方式：

- 物輕情義重，重要的不是禮物本身，而是代表你留心對方的需要；
- 禮物的主角是對方，要思考對方喜歡什麼，如何令對方開心；
- 可以是自製的禮物或食物，甚至是繪畫。

貼心的服務（acts of services）

誤解或錯誤：

- 朋友很能幹，沒有我可幫忙的地方 / 我沒能力去幫忙；
- 不知道朋友有什麼需要，他都沒説；
- 朋友想我幫的方式跟我的想法不同。

表達方式：

- 樂意幫忙和分擔，可以是幫忙做功課或做跑腿；
- 有時你會不同意朋友的行事方式，但可以了解對方最終的目的，討論一個更有效的方法。

溫馨的觸摸（physical touch）

誤解或錯誤：

- 我不喜歡身體接觸；朋友不喜歡身體接觸；
- 男人「老狗」，身體接觸很難為情；
- 不知道怎樣的身體接觸比較合宜。

表達方式：

- 不同程度的肌膚接觸，視乎情況和對方的喜好；
- 如果不了解，可以觀察對方的做法，或者直接詢問朋友。

錯的言語，壞了關係

Rachel 和 Sharon 是好友。Sharon 的生日將至。Rachel 刻意為好友在 YouTube 學習製作一個很特別的蛋糕，預備送上一份驚喜。在生日的前一日，Rachel 用即時通訊問 Sharon 明天何時方便拿蛋糕。Sharon 覺得很驚訝，問什麼蛋糕。Rachel 當時開始感到愕然，Sharon 似乎不喜歡她的蛋糕。

Sharon 回應說，不是不喜歡那個蛋糕，而是明天有點忙，又約了男朋友。同時，她擔心 Rachel 忙着製作蛋糕，忘了幫她替一個重要 project 找資料（Rachel 之前應承了 Sharon 的）。Rachel 感到 Sharon 心中只顧着 project，而忽視好友心意，一怒之下便說：「我會把蛋糕扔了！」就不再回了。Sharon 感到不被尊重，也不想再理會 Rachel。

你覺得 Rachel 和 Sharon 的誤會是什麼？她們真正喜歡的愛的言語是什麼？

顯然，Rachel 覺得 Sharon 喜歡「禮物」；不過，事實上 Sharon 喜歡「服務」和「肯定」。而 Rachel 自己也需要「肯定」。因着一個小誤會，朋友可能錯誤地以為對方不重視，沒肯定。

愛的言語，在於同理心

請記住，愛的言語的主角是：朋友，而不是你。愛的言語是為朋友度身訂造的。

- 每個人都在愛的言語上有不同的重點，即比較喜歡哪一種表達方式，嘗試觀察和詢問對方的需要。
- 每種愛的言語都有不同程度和方式，嘗試觀察和詢問對方的需要。

思考

- 測試你的「愛之語」：https://5lovelanguages.com/quizzes/love-language

增進幽默感

這一章最初提到幽默感。其實幽默感也是一種溝通語言，開通很多人際交流。

丹麥幽默作家 Victor Borge 曾説：「笑聲是兩個人最近的距離。」幽默感很重要，可以是：

- 熱身活動；
- 減低張力和壓力的方法；
- 友善和謙卑的表現；
- 一個分享過程。

幾種幽默感

University of Waterloo 的臨牀心理學家 Rod Martin 和 University of Maryland 的社會心理學家 Thomas Ford 曾經研究人際關係中的幽默感，認為可以分為四類：

利己不損人（self-enhancing humour）

只用作提升或吹噓自己，但不會踩低別人。例如：自吹自擂自己有多厲害。

利己損人（aggressive humour）

需要藉着踩低別人而去提升自己。例如見到別人出錯或出狀況，立即取笑他人、捉痛腳、捉字蝨。

連繫關係（affiliative humour）

希望增加大家的笑聲，減低人際的張力。例如説説無殺傷力的笑話，或説另一些人的壞話。

自我攻擊（self-defeating humour）

希望別人體諒，以致要踩低自己。這方面有一種是對自己無傷大雅，可接受的；另一種卻是自虐，內心會受傷和淌淚的。

明顯地，幽默最好不要損人或害己。如果要做到這種「不損人、不害己」的情況，我們看到，幽默其實是有關：

- 為了減低壓力和改善氣氛；
- 同理心，懂得閱讀人際氣氛和情緒狀態；
- 個人的自信心。

幽默感，就是先懂得笑

是否懂得棟篤笑的人才有幽默感？

有些人會慨歎自己不會幽默，不懂説笑。很多時候，這無關一個人是否有搞笑技巧，也無關是否有讀完「笑話大全」。其實，幽默感不難，關鍵在於你先懂得笑。笑聲有很大的感染力。

University of North Carolina（Chapel Hill）的研究設計了一個有關「共同笑聲」的實驗室，了解笑聲如何影響人際關係。

參與者被安排與一位同性網絡夥伴進行視像聊天，同時會觀看一段有趣、不太有趣或一點都不好笑的短片。參與者不知道的是，視像聊天時會顯示一個預先錄製的片段，其中有人在兩個有趣的視頻中笑了相同的次數，但在不搞笑的視頻中只是偶爾微笑。這在第一個場景（觀看有趣的短片）中產生了更多的共享笑聲，在第二個場景中（觀看不太有趣的短片時）產生了較少的共享笑聲，在第三個場景中沒有共享笑聲（即使仍是積極地互動）。隨後，參與者要填寫調查問卷，回答他們的正面和負面情緒、與視頻夥伴的相似感，以及有多喜歡或想了解網絡夥伴。

結果顯示，在不同的短片中，共同笑聲的次數對參與者和網絡夥伴的相似感產生了一致的影響，而這反過來又增加了參與者對網絡夥伴的喜愛程度，以及想要與他們建立聯繫的意欲程度。

原來，能夠一起笑，已經是最基本的幽默感。

幽默感，就是追尋快樂

簡單地說，做個思想正面的人，起碼對自己說，要做個快樂的人。這人自然會懂得跟着別人笑，對有趣的事物感興趣，喜歡分享快樂，令別人快樂。

相反，一向不快樂和悲觀的人，卻很難幽默起來。所以要改變思維和習慣：

- 如果真的不懂説笑，起碼懂聽和懂笑，這是基本；
- 多與正面的人在一起，從觀察中仿效朋友或他人；
- 從生活中找素材，可以收集笑話和有趣的事物（如 YouTube, IG secret or story）；
- 習慣從事物中找出正面、有趣和一般人少留意的事物（真實故事比虛構笑話吸引）；
- 在別人的笑話內容中發展延伸，添加上去；
- 如果不懂讚自己，又不想踩自己，不如讚賞和抬舉別人；
- 加入身體語言帶着笑容去表達；
- 向相熟的朋友練習，再問他們意見。

幽默的時光，其實就是可以一起笑，一起感應快樂。

我的結論是，一個喜歡令人快樂，又懂得令人快樂的人，都應該會是個懂同理心的人吧！

思考

- 如果你常常感到生活枯燥乏味，沒什麼好快樂，沒什麼樂趣。可以在每天結束時，思想一件可以感恩、令你快樂的小確幸。將這做法形成一種習慣，由習慣形成你的性格和氣質。

資料來源：

Jill Suttie.(2017). How laughter brings us together. Retrieved from: https://greatergood.berkeley.edu/article/item/how_laughter_brings_us_together

9

小心　失控

“在朋友面前，你感到安心嗎？”

情緒管理，交友之道

上一章提到同理心，要以對方為本，了解對方的感受和想法，所謂知己知彼。本章，我們要了解自己。那麼你會問，前文已談了許多了解自己，還要了解什麼？就是了解自己的情緒。同時，從自我了解和成長的過程中，努力去突破前文提到在友誼上的恐懼和心理關口。

EQ 與交友

很多人會問我，如何獲得更多朋友？答案可以很多。但我覺得其中最重要的是：EQ！

很多人都說 EQ 定義我們的交際能力。究竟 EQ 發揮什麼作用？研究發現，原來大腦的大小可以影響 EQ，同時影響人際關係。研究員找來 60 個成年人做實驗，研究他們的腦袋。結果發現，大腦內杏仁核（amygdala）部分相對較大的人，會擁有較大的人際圈子，及更能夠掌控較複雜的人際關係。

什麼是杏仁核？杏仁核坐落在大腦的中央部分，主要功能是掌控人的情緒。可想而知，掌控情緒與人際關係息息相關。懂得管理情緒的人就是 EQ 高的人。EQ 高可以在複雜的人際關係中保持冷靜，之後消化自己的情緒。同時，懂得站在對方的角度，學習理解他人的感受。

人際情緒的源頭

究竟是雞先還是蛋先？先是杏仁核大而獲得更多朋友，還是多朋友以致杏仁核變大？我不清楚，只知道控制情緒在人際關係上很重要。所以，既然我們沒法改變先天的設定，還可以靠後天來努力。

如何開始？先了解自己。

我們試回去前文常常提到的「依附理論」（attachment theory）。依附的意思不是純粹講「依賴」，而是人需要跟別人扣上（attach）關係，連結在一起。這説明了人在關係中需要安全感。而這份安全感正正影響人如何交際，如何處理衝突不和。

依附型態	友誼關係	處理關係的不快
安全型（secure）	• 比較容易和自然開展關係。 • 易擁有良好和真誠的關係。 • 對友誼一向抱住平常心，可以在朋友面前做自己。 • 別人跟他相處感到舒服自然。	• 提自己先不要太負面，嘗試冷靜。 • 漸漸開始嘗試站在對方的角度想，可能不是想像中差。 • 之後可以尋求對話、澄清，説出自己的感受，甚至可以道歉。

焦慮矛盾型（anxious-ambivalent）	• 起初會表現熱情友好，對朋友或密友需求很大，喜歡分享個人感受。 • 漸漸地，對別人的情感要求很高，要別人非常明白自己，或者初相識就過分熱情，有時令人覺得透不過氣。 • 很敏感，容易對人失望、鬧情緒、誤會、猜疑、比較、妒忌。 • 友誼快來快去，因為很容易有衝突不和，別人選擇迴避和疏遠，或自己選擇放棄。	• 很情緒化，將別人看得很負面，感覺別人對自己不好。 • 很心急反應，反應會是離開、爭吵、發脾氣，或是向對方說「口不對心」的反話和晦氣話。 • 之後又很後悔，覺得自己不好，求別人原諒，可惜局面已經很爛。 • 即使 block 了對方，之後又會 unblock，翻來覆去。 • 也可能向其他人去唱衰這朋友，甚至離間關係。

迴避型（avoidance）	• 或許有些普通朋友，或者是現時學校、工作上的「朋友」，但比較少知心朋友。 • 比較少去維繫長時間的朋友關係。 • 少對朋友分享個人內心世界，主要是風花雪月、別人的事、表面的事或理性討論。	• 對自己說，最怕情緒化的人，選擇沉默和迴避，用其他事務去麻醉自己或分散注意力。 • 將別人看得很負面，對自己說：要是你對我不好，我也不會在乎這段關係。 • 永遠 block 了對方，即使一日後悔，都不會回頭。

關於安全感的兩個問題

安全型的人是否天下無敵，未嘗感到不安？

不要誤會，安全型的人並非永遠沒不安。他們也會遇上人際關係上的難題，也會感覺沮喪和憤怒。只是他們回復平穩冷靜所需的時間比較短，以致可以很快客觀和清醒地去處理關係的問題。

而另外兩種型態的人卻可能在較長時間都處於不安之中，久久不能擺脱。當關係又再一次破裂，他們又再次受傷，再次確定他們對關係的「設定」，於是發展自己的交友模式。

不安全型的人是否永遠不會改變？

是可以改變的。

如果你細心了解「依附理論」，會發現它説明人不斷在問一個問題：究竟我是否被接納？不安全型的人常常以為自己不會被接納。要改變這僵局，就要改變你對自己的看法。

下文，我們會繼續了解安全感如何影響人的交友。

- 初步讀過上表後，你覺得自己是哪一種型態？

害怕不被重視

上一章提到，信任是生存之道，也是友誼中最重要的元素：信任。信任與安全感也是息息相關的。

信任的英文是trust，起源於古歐洲的字根「drout」，意思是「堅實的」、「持久的」。到了14世紀，「trust」這個詞第一次出現，意思是「本質的確定性和深深根植的希望感」，信任就是在不確定之中，仍能緊握住本質的確定性，從而獲得一份希望感。

信任是一個很複雜的人際關係題目，透過互動建立出來的安全感。安全感的核心是「你有多重視我」及「你會否傷害我」。

你有多重視我：

- 安全感：對方根本有否當我是朋友？
- 期望：對方對我所做的事，能否符合我期望？甚至會否令我失望？
- 保留：對方會否對我有保留，不願向我分享比較深入的事？
- 依賴：對方可否讓我依賴？或者願意依賴我？
- 信任：對方是否信任我？

你會否傷害我：

- 安全感：對方會否拒絕我？討厭我？
- 懷疑：對方對我好的動機是什麼？是否真的為我好？
- 坦誠：對方會否向我說謊？
- 八卦：對方會否將我的秘密洩露？對方會否向外說我壞話？

如果你細心看，以上的情況都是「依附理論」中沒安全感的人的內心世界和疑問。

朋友有幾重「視」你

第一點有關「重視」的安全感。

“You are the apple of my eye”這句話說明了某個人在自己心中地位很崇高，好像眼裏的瞳仁。

實在，眼神有其作用。有人特別去研究靈長類動物（例如猴子），究竟牠們如何看待朋友？研究發現，猴子會經常跟隨朋友的視線，反應比跟從親人的視線更快更密。這叫做眼神跟蹤（gaze following）。原來，眼神跟蹤是一種很重要的關係發展象徵。

例如在一羣人當中，當你跟好友同時聽到他人一些奇怪話，你們可能會立即產生默契，對望一下，給個眼神，心中想：you know me, I know you。這代表着一份心有靈犀的友誼。

政治科學家 Peter Descioli 曾邀請 3,500,000 個人，請他們列出最好的朋友清單。研究發現，當中有 69% 的人都同時選擇了對方為自己最好的朋友。原來有 7 成人能夠彼此確認對方是至好的朋友。這是一份重視。

不少人想知道究竟誰最經常留意自己的社交平台，那就是最關心你，最重視你的人了。可惜，我們很難獲取這個數據。

比較與妒忌

友誼跟戀情婚姻不同。基本上，戀情婚姻的關係是排他性（exclusive），兩人之間不可能有第三者。可是兩人的友誼卻不同，你不能阻止朋友跟其他人成為好友。當然密友間都有妒忌，當你視對方是知己，但對方卻視另一個人為知己時，你會不妒忌嗎？你會看得開嗎？重視，似乎要量度自己在別人心中的地位。

沒安全感的人會比較與妒忌，感覺自己地位不保，因而產生很多情緒。

此外，我們也會用以下處境去量度別人對你的重視。

- 當朋友半天都未回覆你信息，甚至不讀不回，你會感到焦慮和不高興。
- 朋友忘了你的重要日子如生日，你會懷疑朋友不重視你。
- 不能隨時說出發生在彼此之間的往事。

- 朋友沒有跟進或問候你之前跟他講過的困擾，你會懷疑他不在乎你。
- 你要他幫忙，他會「托手踭」。
- 朋友每次玩樂都不會找你，找別的人，反而有困擾時才找你傾訴。你會想像他只是利用你。
- 當朋友遇上壞事難題，你不會是他第一個想起要找的人。
- 朋友有個重大秘密（如結識一個新戀愛對象），沒即時通知你，你會想像他不當你是好友。

另一種比較，是比較誰較多朋友。最近約會一位中學同學，我們分享中學的心底感受。原來他一直覺得我在中學時期很受歡迎，而我卻反而覺得很多人想跟他做朋友。大家坦誠地説出來，苦笑自己花了很多年背着這比較的包袱。

不要太快定「人設」

當然，我們愈重視一個人，愈着緊一個人，都期望對方跟自己一樣程度的「重視」和「着緊」吧！可是，每個人思想都不同，對「重視」和「緊張」的定義也不同，我們不能硬加自己的要求和想法在別人身上。

「依附理論」説明沒安全感的人容易定別人「人設」。不安全型的人會相對僵化地、主觀地根據自己的「人設」去與人相處，可能會產生盲點、誤解、過分武斷，沒求證，以致不客觀，最終影響關係破損，之後更自圓其說：「我沒估計錯！他就是這樣的人！」關係就走入惡性循環之中，愈陷愈深。可以說，他們在重複昔日幼年的模式。

請用第 4 章的 3R 模式先去處理自己的情緒，之後客觀地想清楚對方是否不重視你。可以利用以下方法。

思考

- 如何了解朋友對你的重視？
- 利用第 8 章愛的言語去檢視好友對你的愛。不用每欄都填寫，只要寫上深刻的經驗。

	好友 1	好友 2	好友 3
	深刻的經驗		
肯定的言詞			
精心的分享時間			
情意的禮物			
貼心的服務			
溫馨的觸摸			

討厭花名，出於不安全感

你被人命名過花名嗎？你討厭嗎？如果你非常討厭花名，甚至感到受傷，可能也是沒安全感的表現。

花名方程式

朋友間稱呼對方花名，是一種很普遍平常的事。通常創作一個花名都有幾個方程式：

- 跟那人的原名相關，例如意思或諧音；
- 在那人原名上附加形容或註腳，例如 X 姐、X 哥、老 X、傻 X；
- 跟外貌有關，例如身形、面貌，牙齒或身高等；
- 跟那人一些缺陷或缺點有關，例如口吃、遲到、冒失等；
- 跟那人的成就或才能有關，例如運動或學業（可以是欣賞或諷刺）；
- 那人做過或講過引起注意的事和説話，就用作花名內容；
- 跟粗口相關或附加粗口字詞；
- 借用一些出名或特別的人的名字以命名。

在我成長中，也有些花名，例如：雞屎光（我都不知原因何在，可能夠核突）、叔叔（在我十多歲時，一次有個小朋友誤叫我「叔叔」）。我算幸運，我的花名沒令我很難堪。朋友給你冠以一個花名，可以是一種幽默和親暱表現。

安全和自尊感受損

當然，有些人沒我好運，花名也可以是一種誹謗或欺凌。

法律上，任何可能會令他人受到憎恨或鄙視的字句，都會構成誹謗。不過，要確定這些字句是否有誹謗性，可能會存在一些困難。如有關字句不能動搖一個人在他人心目中的地位，便不能被用作展開誹謗訴訟的理據。

心理上，花名可以觸動你內心的神經，可能是你自卑、不接受自己、被別人討厭的一面。你所難堪的，不是那句話，而是內心的安全和自尊感受損。

面對花名的勇氣

面對令你難堪的花名時，你可以：

傷害性程度：向對方說不

如果是非常過分、人身攻擊、詆毀你的人格和為人，不一定要反擊，不用花精神為對方創作一個花名。要向對方表明，請不要再說，我不喜歡，而且對我沒作用。或者離開現場。

中度：冷靜，若無其事

別人所以要侮辱你，就是要你難堪。當你不覺尷尬，別人就會尷尬。冷靜令對方不能得逞，漸漸放棄用這花名。

輕度或中度：自嘲，一起快樂

你大可嘗試欣然接受，或是跟大家一起笑。這是一種風度，別人覺得你既幽默又大方。自嘲會是一種很好的自救方法。

Chink 這個字對華人是一種污衊，NBA 的林書豪在中學時就用過“ChiNkBaLLa88”這個網路帳號。

2014 年的索契冬季奧運開幕儀式上，大會在重要關頭要展開五環時，有一環未按原定設計如雪花般展開，廣受嘲笑。不過在閉幕禮時，舞者聚在一起將要砌成五環時，竟然只得四環，刻意重現五缺一的情境，反而大受好評。

洛杉磯加州大學 Matthew Leiberman 研究，人在經歷某種情緒時，如果給那個情緒一個名字，能減少杏仁核等大腦區域被啟動的程度。一個花名可以傷害你，但當你嘗試擁抱這個花名，或許可以在哪裏跌低，就在哪裏起身。

名字好像代表一個人的身分（identity），你會着緊別人怎樣喚你，就像怎樣看你。歸根究底，這身分實在是由你給自己，你如何看你的名字，好像你如何看自己。

思考

- 想想你人生中有過多少個花名？你喜不喜歡？

害怕被傷害

你曾在關係中感到「被傷害」嗎？

容易受傷的朋友

有些人對朋友疑心重重，可能害怕朋友會傷害自己。你有否試過：

- 朋友跟你說過一套，你從別人口中聽了另一套，你會立即懷疑朋友在欺騙你。
- 你討厭一個人，但你的朋友沒有特意疏遠他，你會覺得朋友沒站在你一方。

還有以下一些容易令人受傷的情況：

八卦

當人對朋友有點不滿，又不願跟對方對質時，可能將不滿向外延伸，結果是向他人說朋友的壞話或秘密。University of Toronto 組織行為學家 Matthew Feinberg 發現，人們因為無法正式懲罰他人，只有透過八卦，散佈對方的負面資訊。

另一方面，有些人會將他人的秘密當成「禮物」送給朋友，希望可以討朋友歡心，買一個人情。可是，如果當你在朋友面前講八卦，他們會想像得到，你也可以在對方背後八卦朋友。

謊言

很多人以為無傷大雅的謊言人畜無害。其實當你每一次被朋友發現説謊，朋友就已經扣你的信任分數，直至歸零。Cornell University 的 Jeffrey Hancock 分析了 match.com 等約會網站的自我介紹，接着又與幾十位在網站上自介的人見面，測量他們的身高體重，檢查駕駛執照確認出生日期，再對照他們在網站上的資料。他發現近六成人謊報體重至少兩公斤以上，大約一半人誇大了身高，而男性又比女性少報體重數字。

人用謊言去美化自己或掩飾自己的不好，以為可以討朋友歡心，反之會令朋友更反感。禍從口出，當人一不留神，或者本來想討好朋友，卻説了不該説的話，便損害信任。

還有其他令人失去安全感的事：

- 出爾反爾，言行不一。他形容的自己跟他的行為不一致，應承了的事，大部分不守承諾。
- 同理心差。不懂體諒、理解你的感受，只會不斷指責和批評你的負面感受。
- 惡意對待他人。無緣無故地説一個人的壞話。當你不在場時，也同樣惡意地評價你。

- 無緣無故地不信任你。總是懷疑你的話和承諾，甚至說你欺騙他。那麼他可能將自己不誠實的特質投射到你身上，誠惶誠恐地築起防衛。

增強「確定性」

以上情況都可能令人失去安全感，屬「依附理論」中的不安全型態。

如果真的發生以上或相似的情況，可以怎樣？先不要立即作出負面反應，例如向朋友質問、報復、疏遠、冷淡或亂發脾氣。記得前文提過對人的 benefit of doubt 嗎？先不要假設和判斷，反而將焦點集中尋找那份「確定性」：

- 我是否確定我的想法是真的嗎？有 fact check 嗎？
- 有沒有證據證明我的負面想法？
- 如果有朋友如我一樣測度我，我會感覺如何？會向朋友澄清嗎？會說什麼？
- 自己一直在氣悶，在苦惱，對關係有作用嗎？有幫助嗎？對自己又有什麼影響？
- 如何幫助自己建立比較實際和理性的思考模式，可以冷靜地跟朋友再接觸？

另一個極端，就是太快太易相信別人，未確定便相信。信任其實也要時間去建立。信任應該按認識時日長短、認識程度、關心程度、被明白程度等……逐步遞增的。當你未透徹認識一個人時，不要太快將自己最私人的事告知，也不要太快有金錢的瓜葛。

思考

- 寫出三至五個朋友名字，想想為何你會信任他們？

做好人，出於不安全感

第 2 章提過朋友間有相似性。這種相似性有兩種，一種是自然的，一種是因為沒安全感而強迫出來的。

當相似變成「強迫症」

所有事都要適可而止。太過投其所好，可能適得其反，變成了強迫性的取悅、順應和模仿別人，漸漸失去自己。例如：

- 總是把「對不起」掛在嘴邊，儘管自己並沒有犯下什麼滔天大罪；
- 害怕衝突、擔心惹別人不開心，時時刻刻注意他人的一舉一動；
- 非常在乎他人對你的看法，盡可能不讓自己被討厭；
- 無意識的經常性討好別人，總在事件過後才反思：自己為什麼要這麼努力的去迎合別人的需求；
- 為着朋友的事奔波忙碌，幾乎沒有自己的時間，一旦停下來又會產生罪惡感，困惑自己真正想要的是什麼。

你會發現，以上的情況其實是「依附理論」中沒安全感的人的表現。他們內心的感受是：

- 覺得「怎麼做都不夠好」。
- 害怕被排擠或孤立。
- 過度貶低自己。

做好人，有用嗎？

Martin Wehrle 寫了一本書叫《人善被犬欺：如何得到尊重、畫下界線，贏得你應有的成功》(*Den Netten beißen die Hunde*)，提醒我們不要一味做好人。

他指出，Washington State University 在 2010 年有一項研究，深入了解「做好人的人」在羣體中受喜愛的程度有多高，結果：「打好人牌的人」受喜愛的程度竟然排在後段。

換句話說，當你以為「當個善良好人」會獲得大家的喜愛，恐怕只會讓自己成為邊緣人而已。強迫性去做好人非但辛苦自己，而且對友誼沒幫助：

- 別人可能覺得當你做好人時，反而改變社交規範（social norm），或者做了壞榜樣和先例，所謂「搞串派對」。
- 別人可能以為你一定有隱藏動機，否則不會如此無私。
- 別人可能會感覺你沒性格，或者不公平公正，對人不對事，沒標準。

到此，你明白真的「好人難做」。

做朋友，都要做回自己

那麼，一旦自己是個「取悅症患者」，可以怎麼辦？

最重要是，了解自己，自我檢視。

首先，試問問自己為何經常要取悅他人，刻意討好。你之所以要討好，可能是因為害怕被拒絕，對於拒絕和敵意懷着畏懼和焦慮。這可能是從小開始就害怕衝突，害怕被拒絕，內心卻想：「要讓別人喜歡我，我才能生存下去。」因而戴上友善的面具，其實是希望被人接納。

其次，只考慮他人而忽略自己，忘記問自己的需要，漸漸覺得自己沒需要，其實在壓抑自己真實的需求感受，以他人喜好為標準，藉着迎合他人保護自己不受傷。

要是以上兩者，要學習說不，學習說出自己的需要，就是訂下界線（關於界線，下文會再說明）。人與人之間不同，是正常的，不一定構成衝突與不和。有時候，純粹是你放大了那份「傷害」和「衝突」。事實並沒你想的那麼糟。

五人法則：減少討好

心理學家也提出一個「五人法則」，就是先找五個很友善，很隨和的人相處，讓你減低要討好的壓力，習慣不用迎合別人的性格。因為在隨和的人面前，你不用常常擔心一旦滿足不到別人，別人會不高興。漸漸地，你便開始做回你自己。由五個人開始，之後慢慢將這新習慣伸延至其他朋友身上。

良好的朋友關係要取得「平衡」，有付出，有收取，才算健康。

思考

- 你是「取悅症患者」嗎？要是你患上「取悅症」，試找出身邊有哪些可以減低你取悅的心理壓力的人，在他們面前做回自己。

靠偶包，出於不安全感

沒安全感的人會有一種焦慮，因為非常在意自己在別人心裏的形象，在關係上誠惶誠恐，結果自製偶像包袱，把自己包裝起來。

出醜效應

我們固然要努力去維繫，打造一份良好友誼，但又不需完美，害怕犯錯。我們不用找一個完美的人做朋友，反而想找一個可愛和真誠的人。簡單地説，就是一個貼地的人。

University of Texas at Austin 學者 Elliot Aronson 在 1960 年做過一個經典研究。參與者聽一段錄音，內容是一名大學生「應試者」參加大學機智問答隊的徵選。面試的過程中，「應試者」回答 50 題困難的機智問題，並提及自己的背景資訊。

參與者不知道一早已預備了四個版本：

版本一：「應試者」答對 92% 的題目，而且是優材生，學校紀念冊編輯，中學時還是田徑隊隊員。

版本二：「應試者」同樣出色，答對 92%，當面試結束時，不小心打翻了咖啡，參加者會聽到傳出的杯聲和拖地聲。「應試者」會大叫：「我把咖啡倒在新買的西裝上。」

版本三：「應試者」只答對 30%，而且平日成績平平，是學校紀念冊的校稿員而已，中學時只想進入田徑隊。

版本四：「應試者」較不出色，最後還打翻咖啡。

最後，研究員問參與者最喜愛哪一個人。你估？

原來他們當然會喜歡表現好的，勝過表現差的。但是，同樣是較多人喜歡的，卻是笨手笨腳的「應試者」，因為覺得他比較溫暖、可親和貼地。

朋友不用完美

以上實驗衍生出「出醜效應」理論（pratfall effect），對表現良好的人說，一些微小失誤不單未有影響別人對你的好感，反而讓人覺得你誠懇和單純。

這裏有三個啟示：

1. 朋友不用最出色：很多人以為人人都喜歡跟最出色的人做朋友。你會發現身邊受歡迎的人都不一定最出色。選美比賽中，「友誼小姐」通常都不入三甲。
2. 做朋友不用完美的人：當然我們要努力做好朋友的本分。但朋友貴乎真誠，不用執著小錯誤，不要常常自責，最真誠的你可以打動人心。

3. 學會自嘲：有些人為了保持形象，反而變得玻璃心，對於朋友的說笑和小小誤解會非常敏感，甚至大動肝火。朋友便覺得你很小器，也害怕跟你說笑玩樂。有時輕微出醜，可會令氣氛輕鬆。

你要明白，常常害怕自己出錯的人，介懷別人如何看自己的人，安全感都不足。

思考

- 如你發現自己有偶包這傾向，請再一次回到先前的內容去檢視一下，問自己為何會這樣。

沒分寸，出於不安全感

沒安全感的人會過分謹慎，與此同時，沒安全感的人也可能走去另一極端，就是過分熱情，甚至樂極忘形，最終可能踩過界線，傷害了朋友。

你曾否向朋友似熟賣熟，甚至得寸進尺？可能經常「黐飲黐食」，不找數；借了朋友錢不還，拖拖拉拉；對朋友不留情面，口不擇言；在人前傳述朋友的壞話或秘密；要求朋友隨傳隨到，電話信息要秒回；又或者經常感情勒索，動不動就亂發脾氣……

這出於你不懂界線。界線就是尊重別人，保護別人的感受和尊嚴。

沒底線，因為不安全

但有時候，人並非太樂極忘形，而是內心不安全，害怕起來，失去了一種關係上的平衡：一時過於拘謹，一時又過於熱情，如何拿捏別人可接受的程度？別人究竟喜歡什麼？不喜歡什麼？這就掉到一種小小失控的狀態。

過分熱情

過分熱情反而會令人產生恐懼和厭惡。例如在不適當的場合和時間有過分的身體接觸，令人不自然和尷尬；在不適當時間對朋友妄下評語和取笑。

太多管閒事

朋友不想説的事情，就別再追問，只要陪伴；不要未問准朋友，就強為對方出頭，找朋友對家説三道四。

不分界線

未問過朋友，不要順手牽羊拿對方的東西；不要在朋友的主場，自己卻要成為主角。

過分要求

在朋友需要專心和安靜時，不要干擾他；不要對朋友有不設實際的期望，一旦朋友做不到，就立即表達很失望；不要一味要求，卻沒有付出。

過多的話

首先是「量」的問題。在不適當的時間喋喋不休，或者去傳太多太長，或別人沒興趣的網上資訊。

其次是「質」。不要口沒遮攔，什麼都説，連自己最私隱的都向朋友講；分享自己，要適當時間和適合的人；過多的袒露（self disclosure）反而令朋友感壓力，或可能成為你的傷害。或一時樂極忘形，對朋友説了過火的話，變了「刻薄精」，即 mean 精。

以下是由 Altman 和 Taylor 所提出的「社交滲透理論」(social penetration theory)，我們對人的自我袒露須要循序漸進，向朋友分享的內容深度，應該跟你們的熟悉程度相近。由外至內，由身外之事，到表面然後深入的事。

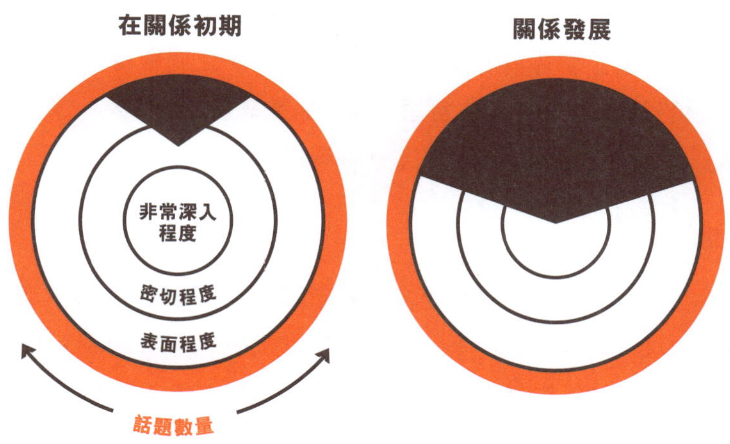

朋友的分寸

忍耐是有底線的，朋友會開始生氣，甚至開始懷疑，究竟你當自己是什麼？所以，對朋友都要有分寸。有人以為分寸是一種「見外」，好像與朋友很大距離。其實分寸是：

適量

懂得「適量」是一種智慧，要靠日積月累的人際經驗；肯聆聽，願意常常問朋友的感受和意願；要學習看懂眉頭眼額；最後是將心比心，換位思考。

平衡

維持友誼關係的要素是：在付出與給予之間取得「平衡」，即是恰到好處，才能相處舒服。這份尊重是：「我中有你，你中有我」，同時也尊重「我有我的」、「你有你的」。

空間

人與人之間應該保持恰當的親密和距離，既相親相愛，但也要有空間，關係才更能持久：時間的空間（不要太煩着別人）、身體的空間（別人不想，不要亂觸碰）、內心的空間（不要強迫別人做暫時未想做的事，說未想說的話）。事實上，分寸是一份尊重和界線。

思考

- 檢視你與朋友的話題，有按以上圖表發展嗎？

理想朋友

10

有無 理想朋友

“想要好朋友，
你自己又係咪一個好朋友？”

好朋友講條件

朋友有好有壞。了解好朋友的定義，可以幫助我們選朋友，同時可以學習如何維繫和增進友誼的深度濃度。

好朋友的期望清單

近代，學者也作出相似的研究。2012 年，University of Kansas 的溝通學家 Jeffrey Hall 曾研究一般人對理想朋友的期望。他列舉了六個項目，包括：

1. **對稱的互動性（symmetrical reciprocity）**
2. **能力感（agency）**
3. **相似度（similarity）**
4. **歡樂感（enjoyment）**
5. **功能性（instrumental aid）**
6. **陪伴（communion）**

這六個項目在不同的人和不同場景，都各有重要性，很難說哪個比另一個重要。你當然可以嘗試參考下列細項，評估自己對於你的朋友，有沒有可取的地方：

對稱的互動性

- 在困難時給我支持
- 在悲傷時安慰我
- 聆聽我
- 坦誠地給我意見
- 任何時候都站在我那邊
- 重視我的想法和意見
- 當別人批評我時，他仍撐我
- 在困難時，他為我打氣
- 即使痛苦，都向我講真相
- 公平地對待我們的友誼

能力感

- 健康的家庭成長背景
- 學習或工作能力優秀
- 父母和家人友善
- 可以維持良好的人際關係
- 財政健康

- 外型吸引 / 身型好 / 樣子吸引
- 體能好
- 在朋友間有地位
- 沒有特殊需要

相似度

- 有相似的信念
- 對人生有相同看法
- 相似的興趣
- 相似的態度和觀點
- 相似的性格特質 / 彼此性格可配合

歡樂感

- 在一起時很歡樂 / 喜歡跟他在一起
- 跟他相處時感到很容易很舒服
- 是個有趣的人
- 能令我笑起來
- 可以一起參與開心的活動和聚會
- 有幽默感
- 有令我醒神的性情

功能性

- 願意盡力去幫助我
- 願意為我犧牲
- 願意為我付出
- 為我做事，而不計回報
- 在我未提出以先，他已幫助我
- 幫我完成手上工作
- 對我有責任心

陪伴

- 在他面前，我可以表達內心世界
- 感覺他很友善，可以講出真心話
- 可以分享家庭中的私隱
- 可以說出個人面對的問題
- 可以分享自己難以啟齒的醜事
- 可以分享自己怕別人取笑的心願和目標

上面細項似乎又多又長，這反映出我們對朋友有要求，要外在內在考慮。在以上詳細的項目中，我會歸納到理想朋友的元素，其實只有三個：

- 分享：你願意跟朋友分享你的所有，也願意接受朋友的分享；
- 做自己：你可以讓朋友在你面前做回自己；
- 幫助：幫助朋友成為更好的人。

好朋友可以滿足內心渴求

誠然，好朋友必然具備某程度以上的理想條件。但是，所謂「人夾人緣」，有時我們又無法解釋為何某些人可以成為你的好友，而不能與其他人成為好友。純粹是「人緣」嗎？

交友，同時是一種心理投射，這解釋了何謂人緣。

引用之前「客體關係理論」的概念，我們會對別人產生一種投射，是因着以前的生命經驗，感覺他人是好人（對我好）或是壞人（對我不好）。

很多時候，我們感覺某些人對我很好、跟我很夾，可能是他給你的感覺、表現、形象，吻合了你成長中對關係的渴望（又回到第 3 章的投射了）。例如：

童年成長經歷	對好朋友的渴望
缺乏情感關心	關懷和溫暖型的朋友
缺乏照顧和協助	主動和助人型的朋友
自卑	一個懂欣賞你的朋友，或者是優秀的朋友，希望在他身邊也沾光，感覺自己也優秀
不能表達負面情緒	可以包容你情緒和孩子氣一面的朋友

我們明白好朋友不是我們成長中所失去或沒有的完全替代品。不過，他們可以是我們家人以外的避風港和安身處。好朋友可以讓你做回真正的自己。

思考

- 你對待你的好友，有與朋友分享、幫助朋友做自己、讓朋友做更好的人嗎？

資料來源：

Jeffrey A. Hall, & Bailey Hall.（2011）. Friendship standards: The dimensions of ideal expectations. Retrieved from: https://kuscholarworks.ku.edu/bitstream/handle/1808/21528/Hall_2012_FriendshipStandards.pdf;jsessionid=60F1B0020CAB3A0C579FFD28FC437FD5?sequence=1

有種老朋友

有位老朋友早前移民，最近從外國回港，他對我説，雖然在外國認識了很多新朋友，但新不如舊，還是在老朋友面前更舒服自然，什麼都可以講，有講不盡的話題。

老朋友的認證

成長中，你學到朋友會分等級，可是老朋友永遠是另一種計算方法，不在這等級表上，彼此的關係不能跟其他關係作比較。這是某種老朋友。老朋友的認證會是：

1. 看到某些人地事，會第一秒想起的人；
2. 看過彼此的「素顏」；
3. 曾經吵架到要絕交，又和好如初；
4. 樣子和打扮愈來愈像；
5. 彼此有什麼事時，可以拿出來的「擋箭牌」人物；
6. 你失戀時比你還要氣憤，要找你舊愛算帳；
7. 手機一堆對方的舊照醜照；
8. 愛取笑你的身材又愛餵你食物；
9. 敢指定他説出你的缺點；
10. 約好是彼此未來的伴娘伴郎，或孩子的契爺契媽。

老朋友的優勢是「時間」

老朋友如酒，愈久愈醇。這些老朋友可能是你的舊鄰居、舊同學、教會舊團友、第一二份工作的舊同事，甚或前度情人，都是認識一段很長時間的人。只有時間才可以為你們見證着生命，才可以有更多經歷。

老朋友的重點在於「一起」

大家一起長大，一起變老；一起年輕貌美，一起肚腩凸起；一起長髮飄飄，一起斑白稀疏；一起戴近視鏡，一起戴老花鏡；一起看着大家畢業、進入職場、轉每一份工、拍拖、結婚、生兒育女、空巢、退休……生老病死。 老朋友彼此陪伴走過人生不同階段。

老朋友認識最初的你

有誰比老朋友更認識你的本相？大家識於微時，只有老朋友可以認識和接觸過那最青澀、最稚氣、最放肆的你。所以你在老朋友面前可以赤裸地，盡情地返老還童，不用裝得老成持重。這是一種比信任還大的信任。

老朋友帶你回到過去。他替你記住你久違了的回憶，帶你重溫昔日的歡笑，又提醒你原來曾走過很多艱難日子，今日安然無恙。老朋友是一面鏡子，可以照出過去的你，見證現在的你改變了多少，改變了什麼，使你能對比昔日和蛻變的自己。

老朋友是你的家人

老朋友認識你周遭的人，如你的家人、其他老朋友、前度和現任、你的孩子，甚至你的孩子的伴侶和孩子。他活在你的生活圈，是你沒血緣的「家人」。作家 Ethan Watters 在 *Urban Tribes: A Generation Redefines Friendship, Family and Commitment* 一書中指出朋友是「新的家人」。人在成長中，好朋友的確有如自己的家人。

接受大家在變

看着老朋友改變和成長，他的人生也會啟發和鼓勵你要努力成長。同時，要接受大家都有新生活和新朋友，有些關係要在變遷中保持不變。

人喜歡懷舊，老朋友給你懷舊的機會。一起變老的同時，我們要放下一個包袱，不能老是追悔「過去的我」，也不能強求「不蛻變的老朋友」。

老朋友無事也聯絡

University of Pittsburgh 的 Peggy Liu 博士在研究中邀請 59 位參加者去寫一個問候訊息給一位久未聯絡的老朋友。研究員預先問參加者估計老朋友對訊息的欣賞程度，給評分（滿分 7 分）。他們預計的評分是 5.57。

之後，研究員會訪問那些老朋友。他們竟説是 6.17 分，高出預期。這實驗證明，我們不要低估跟老朋友聯繫這件事，每個人都期待和重視老朋友聯絡自己。

思考

- 當你發覺漸漸失去很多舊朋友，身邊大部分都是相識不過幾年的朋友，不如現在就聯絡一下。
- 人生有幾多個十年？你有什麼朋友相識超過十年，現今仍能聯絡的？現在就聯絡一下。

資料來源

Linda Carroll.(2022). Do old friends appreciate it when you reach out? New study offers answer. Retrieved from: https://news.yahoo.com/old-friends-appreciate-reach-study-154743182.html

Soulmate

我覺得老朋友跟 soulmate 不同，老朋友是釀了很久的酒，soulmate 是最適合你的酒。

我覺得現時很多人會將 soulmate 理想化。近年新興的靈性學説甚至將 soulmate 提升到是「命中註定」、「前世姻緣」或「命運共同體」等層次。可是很多人愈是將 soulmate 神化，愈感到很難找到，愈易感到失望沮喪。

根據網上平台 Marist 2011 年的一項民意調查，73% 的美國人相信有 soulmate，45 歲以下的人有 79%，而 45 歲以上的人有 69%。不知香港人又有幾相信？

或許是大眾傳媒的渲染，或者現代人在感情生活上的空洞，都令人對 soulmate 變得趨之若鶩，甚至覺得是感情路上的終極追求。

Soulmate 是關乎「配合度」

一般來説，soulmate（或者叫心靈伴侶、知己、better half……）講求「配合度」(compatibility)，意思是不論天然地或相處上，都有着深深的認識、相像、默契、信任、心靈上的配合。情況好像，我未説出口，你已經知道我想什麼。或者，我説了這話，原來你都這樣想。

世界上彷彿有另一個版本的我（version 2.0），不是完全一模一樣，而是另一個 version。

Soulmate 靠經營

遇上 soulmate 固然講緣分。但關係不是由石頭變出來，而是慢慢地，經過長年累月去經營出來的。一個人對另一個人的認識，需要時間、耐性和專心。很多人對友誼不專心，沒有花時間和精神去建立，何來 soulmate 呢？

相信「命中註定」，也不代表脱離現實。現實是，在關係裏，雙方不可能避免爭吵與不愉快，有的時候還會有較為激烈的情緒反應，其實並不會降低雙方的情感程度，反而透過衝突來協調去解決問題，更能彼此了解，反映出「愛之深責之切」，這叫做「磨合」。

大抵上，我覺得 soulmate 有三個最重要的條件：

共鳴

比「認識」高一點層次，能夠共鳴朋友所思所想，當中可以包括價值觀、關係觀、信仰、理想和生命的追求。不一定要完全認同，但要明白和肯定，甚至鼓勵你的朋友。

幫助朋友做回自己

首要是認識他是誰。進一步就是讓朋友可以在你面前安心地開放自己、表達自己，成為真正的自己，不用假裝，不用修飾，不用討好你。

堅持

一段長久穩固的關係，仰賴雙方的堅持。友誼的發展也有春夏秋冬，有歡笑有吵鬧，看透對方的優缺點，都依舊選擇去愛、去包容不完美，這才能成就美好的友誼。

我覺得所謂心靈相通或前世註定就過於神化了。簡單地就，一個待你好的人，不會 24 小時令你快樂，而是可以幫助你成長的人。

思考

- 你有像 soulmate 的朋友嗎？他跟你相同的地方和不相同的地方在哪裏？

理性友誼要有品格

中國古代聖賢對理想朋友有條件。

孔子說：「益者三友，損者三友。友直，友諒，友多聞，益矣。友便辟，友善柔，友便佞，損矣。」(《論語‧季氏》) 意思是，益友是正直、誠實和見多識廣的朋友。損友是走邪門歪道、諂媚奉迎和花言巧語的朋友。

中國人說：君子擇善而居，又說：近朱者赤。我們須要找善良的人做朋友。有些人會覺得善良的人可能乏味老套。事實上，你不用擔心善良的人出賣你，同時可以在他身上學習良善。

而西方古代也有相似的看法。

從功利到公義

古典學學者 David Konstan 在他的著作 *Friendship in the Classical World* 中指出，古希臘時代的友誼「在根本上，並不是一種具有情感（affection）和感情（emotional）溫度的主觀連結，而是具有互惠義務的全然客觀的連結。」這都是一種帶功能性的關係。

直至古希臘哲學家阿里士多德（Aristotle），他提出突破性的看法。在公元前350年，他在著作《尼各馬可倫理學》（*Nicomachean Ethics*）討論友誼這題目，並開始突破純功能性的友誼關係。

他認為友誼當中要有公義（justice）這回事。朋友間要講公平，講道理，不純是大愛就夠。當朋友犯錯，也要挺身而出去指責他。這才是「愛」他。

不過公義和愛並不是矛盾的。他認為行公義都有「公平」原則。當二人的社會地位相若時，便要嚴謹地向對方執行公義；當彼此在社會地位上有差異時，高的一方要對低的一方寬宏多一點，體諒多一點，這就算是一種友誼上和社會地位上的「公平」（equality），既公義，也憐憫。

選朋友，看德行

公元前44年，西塞羅（Marcus Tullius Cicero）寫成了《論友誼》（拉丁文為*Laelius de Amicitia*）這部曠世巨作，再次改寫對友誼的定義。

「除了有德之人之間，友誼不可能存在。」

「那些將至善置於德性的人，他們確實了不起，這德性產生並維繫友誼，沒有德性友誼絕對無法存在。」

西塞羅認為選朋友，選德行。德行的意思是品格和人格，對朋友的關懷，也對世界、社會和他人的熱情和關懷，表現出「柔和、仁慈及順從」。

我們有時候都會有壞心腸、壞主意，這些朋友會提醒你要做個正直的人。我們跟別人發生衝突時，有時會想反擊和報復，這些朋友會提醒你放手，別人差，你不要差。

這些朋友幫助我們更懂慎思明辨。他說：「以慎思明辨的態度，能夠區分出諂媚奉承的朋友與真正的朋友，就像所有假貨贗品都能從純正真實的事物中分別出來。」

似乎，無論中西方文化中都著重朋友的品格。因為朋友的品格正正可能影響你的品格，使你成為怎樣的人。

理想友誼要有上帝保守

另一位要認識的就是魯益師（C. S. Lewis），《納尼亞傳奇》（*The Chronicles of Narnia*）的作者。

魯益師於 1960 年臨終前三年出版了《四種愛：親愛．友愛．情愛．神而來的愛》（*The Four Loves*）。他可能從他的友情歲月中得啟發，寫下當中「友愛」的部分。他有個很好的朋友，叫托爾金（J. R. R. Tolkien），就是另一位文壇巨匠，《魔戒》（*The Lord of the Rings*）的作者。

他們因了解而結交，也因了解而分開。跨越接近 40 年離離合合的友情歲月，是世間友誼的真實寫照。

共同性大過不同性

「在友誼中，必然出現的開場白應該是：『什麼？你都一樣？我以為只有我才會這樣！』」（《四種愛》）

他們都是牛津大學的文學學者，1926 年在一次英語系會議上惺惺相惜。他們本來有着很多不同之處。托爾金是語言派，重視文字語言，而魯益師是文學派，重視文學研究。托爾金是個天主教徒，而魯益師是個新教徒。

後來，他們當然發現共通點多過分別。他們醉心文學，於 1930 年共同組織文學團體「墨象社」(Inklings)。他們都風趣幽默，替彼此寫打油詩，又喜歡北歐神話中的精靈和巨龍，在當時流行浪漫和現實主義小説的時代，是少數。

付出不望回報

「完美友誼的標誌不是當朋友有難時，前來幫助（當然會），而是即使提供了幫助，都不覺算得什麼。」(《四種愛》)

1931 年托爾金因為魯益師一番鼓勵，重新皈依基督教。魯益師鼓勵托爾金創作《魔戒》。當托爾金向他讀到《魔戒》中佛羅多被大蜘蛛打暈，山姆決定獨自為好友完成使命的篇章時，就忍不住流下眼淚，並對托爾金説：「Tollers（托爾金的暱稱），這不只是一部好作品，是一部偉大的作品。如果你有一日能完成，這將是本世紀最偉大的名著。」等到《魔戒》出版，魯益師也為他寫書介及兩篇書評，字裏行間總是讚譽。

而且，托爾金也為魯益師在牛津大學找到教席位置。當牛津的教席落空，托爾金就為他在劍橋張羅住所。

妒忌會破壞友誼

「有時（一個朋友）想知道他做了什麼，才能幸運地跟比他優勝的人在一起。答案就是，當整個團隊在一起時，每個人都能發

揮自己最好、最聰明或最有趣的優點。」(《四種愛》)

魯益師對朋友間的妒忌，一定有深刻感受。一次，魯益師給托爾金讀了剛寫好的小說《獅子、女巫和魔衣櫥》(*The Chronicles of Narnia: The Lion, the Witch and the Wardrobe*)，托爾金卻狠批:「你看這寫的是什麼？你真不能這麼寫小說！這樣寫女神 Nymph 的傳說和牧神 Pan 的感情生活！」這批評曾一度令魯益師想放棄。後人估計，托爾金當時可能出於妒忌。因為正當托爾金仍為《魔戒》的初稿苦思多年，魯益師的《納尼亞傳奇》系列已成了暢銷書。

不過，後來托爾金也給孫女讀《納尼亞傳奇》，之後更不遺餘力地推薦給自己長期合作的出版社。同時，魯益師也沒有將怒氣完全蓋過友誼，還在 1961 年提名托爾金為諾貝爾文學獎候選人。

友誼需要上帝保守

「友誼就像其他人間的愛一樣，無法自我拯救……它必須……如果希望保持親密，就要呼求上帝的保守。」(《四種愛》)

托爾金不但嚴詞批評了魯益師的作品，而且對他的朋友和後來的妻子（一位離婚婦人）很有意見，因而二人漸漸疏遠，沒甚往來。這是非常可惜。

直至魯益師病危時，托爾金最終前去探望，遇到了魯益師的繼子。托爾金冰釋前嫌，竟對那兒子說：「你已經失去了母親，如果 Jack（魯益師的暱稱）發生什麼的話，你可以過來找我。」最後魯益師於 1963 年去世，托爾金出席了葬禮。而且，他還經常流連昔日跟魯益師一起吃飯的東門酒館，可能懷念這位故人。

魯益師晚年回顧一生，之所以寫《四種愛》，或許慨嘆和接納人世間的愛（phileo）會有限制，唯有從神而來的愛（agape）才是完全，且能彌補人與人關係的缺陷與遺憾。

前文提過友誼當中的起承轉合。合則來，不合則去，或許是人生道理。我們唯有活在當下，善用魯益師的提醒，才能好好經營友誼。

思考

- 你曾有過一些真摯但已枯萎的友誼嗎？現在回想，是什麼原因導致關係無法經營下去？

11

神級　朋友

"有信有義的朋友在哪？"

神級朋友講個「信」字

自小在教會都會唱這詩歌：

恩主耶穌是我良友
有主勝得萬有
萬人中救主是我最好靈友

~~《谷中百合花》

究竟神和人的友誼是怎樣的？

這本書花了很多篇幅，從不同的角度探討友誼。事實上，我們有個終極的好友，也是「神級」朋友，就是愛我們的神。

上帝如何看友誼？祂視我們為朋友嗎？又是怎樣的朋友？

一位在天上的至高者，萬軍的耶和華，尊貴的上帝何以紆尊降貴，願意跟我們做朋友呢？

在舊約《聖經》中，上帝直接稱呼三個人為朋友。我細心看，發現神選中我們做朋友的主要原因是：信。祂欣賞我們對祂的信任和信靠。現在我們看看這三個人如何跟上帝做朋友。

亞伯拉罕

「惟你以色列我的僕人，雅各我所揀選的，我朋友亞伯拉罕的後裔。」(賽 41：8)

「我們的神啊，你不是曾在你民以色列人面前驅逐這地的居民，將這地賜給你朋友亞伯拉罕的後裔永遠為業嗎？」(代下 20：7)

「這就應驗經上所說：『亞伯拉罕信神，這就算為他的義。』他又得稱為神的朋友。」(雅 2：23)

舊約兩段經文沒有直接説明上帝選擇亞伯拉罕的原因。而〈以賽亞書〉中「朋友」這個字在希伯來文中是「愛」的意思，是一份友愛。幸好，〈雅各書〉清楚説明神因為亞伯拉罕信任祂，所以跟他做朋友。

朋友間，要有信。神認識亞伯拉罕（創 18：19；「眷顧」的原本意思是「認識」)。祂願意跟亞伯拉罕成為朋友，因為亞伯拉罕認識祂，因而產生無比的信心，被稱為信心之父。神叫過他做兩件非常「出位」而且難以應承的事。但亞伯拉罕做得到。

神叫他收拾一切，離開家鄉吾珥，他便真的照着神的吩咐。而且，「亞伯拉罕因着信，被試驗的時候，就把以撒獻上；這便是那歡喜領受應許的，將自己獨生的兒子獻上。」(來 11：17）亞伯拉罕對上帝這位朋友何等的信任呢！他知道上帝這個朋友不會出賣他，點他走一條死路。最後，神祝福他成為萬國的父。

摩西

「耶和華與摩西面對面説話，好像人與朋友説話一般。」（出 33：11）

「我如今若在你眼前蒙恩、求你將你的道指示我、使我可以認識你、好在你眼前蒙恩．求你想到這民是你的民。」（出 33：13）

這節經文的背景是摩西登上何烈山，而山下的亞倫和以色列百姓就製造和敬拜金牛犢。摩西甚是憤怒，因為他們不相信上帝，也不相信他。不過，摩西為他們向神求情，堅持繼續向着遠方未明的方向邁進。神只叫摩西繼續跟着雲柱火柱行，不要問，只要信。

摩西知道要相信神，必須要認識祂。他向神求的第一件事，就是「使我可以認識你」。他對上帝的信任並不是不經大腦的膚淺的信，其實要通過他對神的認識，從大半生高低起伏的經歷中更深的認識神，所以有更深的信任。

當摩西願意真實地認識神，神也想認識摩西，回應（reciprocal）：「耶和華對摩西説，你這所求的我也要行，因為你在我眼前蒙了恩，並且我按你的名認識你。」（出 33：17）

約伯

「我願如壯年的時候。那時我在帳棚中。神待我有密友之情。」(伯 29：4)

這節經文中「密友」這個詞的希伯來語是 sod，意思是忠告、商議，即是「真心話」，也可以譯作親密的友誼。

約伯遇上苦難，想為苦難找個解釋。這動搖他對神的信心，動搖他們之間的友誼。

《約伯記》是個很有趣的平行記載。一方面記載約伯三個地上朋友（以利法、比勒達、瑣法），另一方面記載天上的朋友上帝。諷刺地，約伯三個朋友以為認識約伯，以為認識耶和華，實在他們並沒有以同理心去聆聽，也沒有真正全面地認識上帝。結果，約伯不但沒有得到安慰，反而加增愁苦。

好朋友要講「真心話」，上帝也向約伯講「真心話」。上帝不但沒有責備約伯，更從旋風中開始向約伯祖露自己（伯 38：1），先以「大地」、「穹蒼」和「活物（萬物）」詰問約伯，提醒祂才是創造宇宙萬物的主，所造的一切都美好，擁有最高的智慧和能力；接着再以狂傲、放縱而難以馴服的驕傲人、河馬與鱷魚，顯示上帝治理萬有的權柄和榮耀，因萬有本於祂、依靠祂、歸於祂。神想表達，人的知識根本無法識透祂的作為。人要認識祂，只有上帝親自向人啟示自己。人才可以選擇相信和接受。

約伯經歷一場友情的挑戰和風暴，終於更深地認識神、相信神。最後，他不再需要為苦難解釋，只需要一個重要朋友——上帝，於是不禁說：「我從前風聞有你、現在親眼看見你。」（伯42：5）

「信」通過「認識」

如果第一個關鍵詞是「信」，那麼第二個是「認識」。信任，通過認識「祂是誰」。

在希伯來《聖經》（即舊約）中，沒有一個字獨立地形容「友誼」，通常會用 rēa` 這個字。這個字用途很廣泛，可以包括朋友、同伴、同族、至愛或鄰舍等。其實這個字的深層次意思是「彼此」（mutual）。朋友的關係就是彼此，你認識我，我認識你；你信任我，我信任你。

細讀《聖經》，你會知道以上三個屬靈偉人並非想像中偉大無誤，他們都曾經不信，曾經得罪神。幸福的是，神愛人愛到一個地步，祂包容我們，願意引導我們更深去認識祂，以至挽回我們，使我們重新相信祂。

神級朋友就是「愛」字頭

如果我們靠「信」去建立與上帝的友誼，那麼以什麼去維繫？

一個字：愛

上面所說，舊約《聖經》通常會用 rēa` 這個字去表達友誼，而七十士譯本（即舊約的希臘文譯本）因找不到一個更好的字去翻譯，就直接用希臘文 philia 這個字，就是「愛」的意思（友愛）。新約聖經繼續選用這個字。〈使徒行傳〉的收信人是提阿非羅（Theophilus），他名字的意思就是「神（theo）的朋友」，或者神所愛的朋友。

在新約福音書記載中，我們看到主耶穌很重視友誼。祂在講論和比喻裏常常引用「朋友」的角色，例如：

- 朋友借餅（路 11）
- 婚姻的筵席（路 14）
- 尋羊（路 15）
- 不義錢財（路 16）
- 新郎的朋友（約 3）

同時，主耶穌也三次直接稱人為朋友。

拉撒路

「耶穌説了這話，隨後對他們說，我們的朋友拉撒路睡了，我去叫醒他。」（約 11：11）

「耶穌哭了。」（約 11：35）

在拉撒路的墳墓前，所有的人都有很大理由哭。唯獨耶穌，祂實在沒有哭的理由。因為祂有能力叫拉撒路復活，並且祂已準備要叫拉撒路復活。祂知道只消一會兒，這個死人會起死回生，大家都不須再哀哭。但是祂還真的哭了。

耶穌為什麼流淚呢？這段經文不但生動地描寫耶穌如何愛拉撒路，如何為他哀慟，也寫出耶穌看見馬利亞這班朋友這麼傷心，不禁悲從中來，將自己的愛和受到眾人的悲傷感染，一時百感交雜，湧上心頭，就哭起來（約 11：33）。

耶穌不只是我們的拉比（老師），實在是個充滿感情的好朋友。耶穌的哀慟不但是對死者，對死者身邊的人，也對世人的絕望，這顯出祂對世人的苦難罪孽的沉重哀痛，愛得如此深。

門徒

「你們要彼此相愛，像我愛你們一樣，這就是我的命令。人為朋友捨命，人的愛心沒有比這個大的。你們若遵行我所吩咐的，就是我的朋友了。以後我不再稱你們為僕人。因僕人不知道主人所作的事。我乃稱你們為朋友。因我從我父所聽見的，已經都告訴你們了。」(約 15：12-15)

場景是最後晚餐的筵席。這不只是一場吃喝玩樂的派對，卻是告別（情誼）、服侍（為門徒洗腳）、立約（設立聖餐）和提醒（教導），顯出耶穌不單用口說，而是用實際行動去表現祂的「愛」。

「朋友」希臘文是 philos（友愛）。不過，這次情況就不同。耶穌這裏更清楚闡述這是一種犧牲的愛，捨己為人的愛，無條件的愛。祂說過:「他既然愛世間屬自己的人，就愛他們到底。」(約 13：1）這不都是在神裏面 agape 那「愛到盡」的愛嗎？這提醒我們在真正的友誼裏，根本就不用刻意劃分 philos 和 agape 這兩種愛。

耶穌帶着徹徹底底的愛，去做我們徹徹底底的朋友。

稅吏和罪人

「人子來了，也吃，也喝，人又說他是貪食好酒的人、是稅吏

和罪人的朋友。但智慧之子，總以智慧為是。」（太 11：19）

「人子來，也吃也喝。你們說他是貪食好酒的人，是稅吏和罪人的朋友。」（路 7：34）

這裏主耶穌為我們示範了更高層次的友誼，就是無差別的友誼，無差別的愛。

經文中，主耶穌不怕人的眼光，不理世俗的規條，仍然接納和寬恕罪人，願他們悔改和歸回。近代神學家莫特曼（Jürgen Moltmann）在著作 *The Crucified God*（《被釘十字架的上帝》）中曾說：

「在十架上被釘的基督裏，團契（fellowship）的原則是跟與我們不同的人團契，跟異於我們的人同在。這份愛超越了一般的友愛（philia）── 只重視相似性和美麗。神創造中的神聖之愛（agape）乃賜給不同的、相異的和不漂亮的。」

我想，如果耶穌沒有這份胸襟與包容，我們何以稱得上是祂的朋友？這份接納，不只是接納與我們關係好的人，不只是與我們相似的人，不只是懂討好我們的人，而是與我們有差別的人。我們要學習跳出安舒區，去包容與我們不同興趣、性格、背景和地位的人。我們有否忽略了身邊的邊緣人？不受歡迎的人？不是我們小圈子的人？如果在交往中一味想朋友去滿足你或令你快樂，這種友誼就真的變得很膚淺了。

主耶穌的友誼是一份在愛中接納的友誼。

主耶穌的第四重職事：朋友

加爾文神學裏指出，父神給予基督徒三重職事，包括是先知、祭司和君王。神學家莫特曼將「三重」增加為「四重」職事，而基督第四重身分就是我們的「朋友」。他在 *The Living God and the Fullness of Life*（《生動的上帝與生命的豐盈》）曾解釋過這「第四重職事」：

「他認為基督不同面貌的工作已在基督三重職事的神學裏說明清楚。而當中所表達祂的主權和能力，靠祂與人的友誼中達到最高峰。相比其他過去的表達方式，用友情的概念更能彰顯祂先知、祭司和君王的職事中的喜樂和自由。其實祂是以朋友的身分去履行先知、祭司和君王的職事，當中流露出彼此間的友誼。」

主耶穌不但做我們的朋友，而且在交往的同時顯示給我們看何為愛。「愛」就是朋友的別名。這是神級的友誼。

神與我們的友誼同時給我們借鏡，幫助我們去愛自己的好朋友，甚或身邊的鄰舍。

神啊！祢是我們的 BFF（best friend forever）。

結語：從一張舊照片談起

最近一次中學同學聚會裏，有個中學同學傳給我一張舊照片，是中二時的羣體照片。我看着照片，心裏十分驚歎。一時間回憶跑回來，感受湧上心頭。照片中，我躲在一羣人的最後面，臉龐的三分一都給前面的人遮蓋，而且掛着一個很尷尬、很勉強的笑容。

我記起一個不愉快的初中階段，沒好友，沒法埋堆，在學校裏是透明人。身邊有人，但又像沒人。我見到其他人可以埋堆歡笑快樂，更感自卑落寞。有時我會刻意表現搞笑去引人注意，只是徒勞無功，別人更不懂真正的我（當然我都未認識自己很多）。

這些感受和經歷令我更想寫好這本書，想幫助有需要的人。一面寫，一面回想自己如何過渡這些壞日子。

與上帝做好朋友

在孤單的日子，有誰可以 24 小時陪伴我？有誰肯聽我無聊的埋怨？有誰完全接納我的不完美，甚至醜陋？只有永恆的主。我躲在被窩中流淚，跟祂訴苦，祂聆聽；我向祂祈求一些微不足道的事，祂不嫌棄，且應允；我對自己沒自信時，祂對我說：我已經很好。這份同理心，這份肯定，正正是我在神人的友誼上需要的。